BEI GRIN MACHT SICH IHR WISSEN BEZAHLT

- Wir veröffentlichen Ihre Hausarbeit, Bachelor- und Masterarbeit

- Ihr eigenes eBook und Buch - weltweit in allen wichtigen Shops

- Verdienen Sie an jedem Verkauf

Jetzt bei www.GRIN.com hochladen und kostenlos publizieren

Bibliografische Information der Deutschen Nationalbibliothek:

Die Deutsche Bibliothek verzeichnet diese Publikation in der Deutschen Nationalbibliografie; detaillierte bibliografische Daten sind im Internet über http://dnb.d-nb.de/ abrufbar.

Dieses Werk sowie alle darin enthaltenen einzelnen Beiträge und Abbildungen sind urheberrechtlich geschützt. Jede Verwertung, die nicht ausdrücklich vom Urheberrechtsschutz zugelassen ist, bedarf der vorherigen Zustimmung des Verlages. Das gilt insbesondere für Vervielfältigungen, Bearbeitungen, Übersetzungen, Mikroverfilmungen, Auswertungen durch Datenbanken und für die Einspeicherung und Verarbeitung in elektronische Systeme. Alle Rechte, auch die des auszugsweisen Nachdrucks, der fotomechanischen Wiedergabe (einschließlich Mikrokopie) sowie der Auswertung durch Datenbanken oder ähnliche Einrichtungen, vorbehalten.

Impressum:

Copyright © 1999 GRIN Verlag
Druck und Bindung: Books on Demand GmbH, Norderstedt Germany
ISBN: 9783668899186

Dieses Buch bei GRIN:

https://www.grin.com/document/455166

Soon Bung Park

Denkmalpflege in der historisierenden postmodernen Architektur in Südkorea und Deutschland

GRIN Verlag

GRIN - Your knowledge has value

Der GRIN Verlag publiziert seit 1998 wissenschaftliche Arbeiten von Studenten, Hochschullehrern und anderen Akademikern als eBook und gedrucktes Buch. Die Verlagswebsite www.grin.com ist die ideale Plattform zur Veröffentlichung von Hausarbeiten, Abschlussarbeiten, wissenschaftlichen Aufsätzen, Dissertationen und Fachbüchern.

Besuchen Sie uns im Internet:

http://www.grin.com/

http://www.facebook.com/grincom

http://www.twitter.com/grin_com

Denkmalpflege in der historisierenden postmodernen Architektur
--- Im Vergleich mit Südkorea und Deutschland ---

Hauptdiplom Prüfung

Im Fach Denkmalpflege und Bauforschung

An der TU Dortmund

Vorgelegt von

Soon-Bung Park

aus Seoul-Korea

SS / 1999

INHALTSVERZEICHNIS

I.	Einleitung	3
II.	Übersicht der Denkmalpflege	5
III.	Übersicht der Postmoderne	11
IV.	Denkmalpflege und postmodernes Architekturzitat in Südkorea	15
V.	Denkmalpflege und postmodernes Architekturzitat in Deutschland	21
VI.	Einige gute Beispiele in Deutschland	28
VII.	Schlußwort	31
VIII.	Literaturverzeichnis	33
IX.	Beiheftung – Fotos	34

I. Einleitung

1. Grund der Auswahl des Themas

Die Denkmalpflege und Denkmalschutz gelten heute in der ganzen Welt für bedeutend. Denkmalpflege, heute mehr denn je als selbstverständliche Verpflichtung jedes Kulturstaates anerkannt, kann sich vor allem seit dem europäischen Denkmalschutzjahr 1975 auf ein breites öffentliches und damit auch politisches Interesse stützen.[1]
In Bundesrepublik Deutschland liegt die Pflege der Denkmäler im öffentlichen Interesse; deshalb fördert der Staat die Projekte mit einer breiten Palette an Hilfen.[2]
In Korea ist die Situation ganz anders;
In Südkorea befindet die Situation für Denkmalpflege sich heutzutage so schlimm, bis heute gibt es in Südkorea gar keine richtige Denkmaltheorie, und dazu könnte man drei Gründe sagen:
Erstens: die Erfahrung der Kolonie von Japan
Zweitens: die Erfahrung des Koreakriegs zwischen Südkorea und Nordkorea
Drittens: die Erfahrung der Diktatur der Militärregierung nach dem Koreakrieg
In diesen schwierigen Situationen konnten Koreaner leider ihre eigene Denkmaltheorie und Denkmalgesetze gar nicht in Ordnung bringen.
Nach der Befreiung von japanischer Besatzung hatte koreanische Regierung Denkmalamt im Innenministerium eingerichtet, und bis heute ist die Politik zur Denkmalpflege und -schutz ohne richtige Denkmaltheorie entwickelt worden.
Ab Ende 60.er Jahre wurde über Denkmaltheorie zwischen Architekten und Professoren viel diskutiert.
Die weitere Erhaltung der traditionellen Architekturen wurde während der Diskussion am meisten.
Ende 70.er Jahre wurde in Südkorea endlich Postmoderne Architektur eingeführt.
Da betrachteten Architekten in Südkorea Postmoderne Architektur gerade als Denkmalpflege, und das war völlig normal, weil es keine richtige Denkmaltheorie gab, aber das Phänomen, das man Postmoderne Architektur als Denkmalpflege betrachtet, wird heute noch von wenigen Leute kritisiert.
Nun hat man eine Frage, ob man Postmoderne Architektur wirklich als Denkmalpflege betrachten kann oder nicht.
Dazu will ich im Vergleich mit Deutschland beschreiben, weil man zwischen Deutschland und Korea im 20.Jarhundert einige Unterschiede finden kann.
Deutschland und Korea wurden durch Krieg völlig zerstört.
Die beiden Länder fuhren nach dem Krieg Stunde Null, und damit hatten Korea und Deutschland fast alles neu angefangen.
Ich will versuchen, wie die Denkmalpflege vor allem im postmodernen Architekturzitat in beiden Ländern entwickelt wurde, was für eine Unterschiede es gibt, und zwar will ich am Ende herausfinden, ob man Postmoderne Architektur als Denkmalpflege betrachten kann.

---

[1] Petzet/Mader, Praktische Denkmalpflege, Kohlhammer, s.9
[2] Schiedermair/Werner/Scherg/Jutta, Denkmalfibel, Callwey, s.153

2. Bereich dieser Arbeit und Methode

Wie schon gesagt, es ist das Ziel dieser Arbeit, in dieser Arbeit herauszufinden, ob man Postmoderne als Denkmalpflege betrachten kann oder nicht; deswegen beschreibe ich Denkmalpflege und Postmoderne Architektur in 70.er und 80.er Jahre dem Wichtigsten. Dafür benutze als Hilfsmittel viele Photos, die ich fast fotografiert hatte.

Am Anfang beschreibe ich Übersicht über Denkmalpflege und Postmoderne, dazu behandelt es Begriffe und Spiele der Denkmalpflege und Postmoderne, und beschreibe ich über die Situation zur Denkmalpflege im 20.Jahrhundert in Südkorea, dazu behandelt es Probleme zwischen der Denkmalpflege und Postmoderne bis zum heute, und dann beschriebe ich ein Ergebnis über Denkmalpflege im postmodernen Architekturzitat.

Danach beschreibe ich über die Situation der Denkmalpflege im 20.Jahrhundert in Deutschland, dazu behandelt es die Entwicklung und Kritik der Denkmalpflege und Postmoderne in Deutschland, und benutze ich einige Photos zum Informationsmittel.

Am Ende will ich zum Schlußwort diese Arbeit zusammen fassen und das Ergebnis dieser Arbeit aussagen.

II. Übersicht der Denkmalpflege

1. Begriff des Denkmals und der Denkmalpflege

Denkmal bedeutet zur Erinnerung an eine Persönlichkeit oder ein historisches Ereignis errichtetes Bauwerk, unter Denkmalpflege versteht man alle Bestrebungen, Kulturdenkmäler zu schützen, zu erhalten und zu pflegen.[3]

Cord Meckseper definierte beim Podiumsgespräch mit Roland Günter, Egbert Kossak und Jürgen Paul in Goslar zum Begriff des Denkmals so;
Denkmaler sind Sachen, deren Erhaltung aus historischen oder künstlerischen Gründen im öffentlichen Interesse liegt. Das ist die Kerndefinition so jedes einschlägigen Gesetzestextes. Das Denkmal hat also eine historische Dimension (es bezieht sich auf Historisches), eine ästhetische Dimension (es ist ein Objekt, „künstlerisches" Objekt) und eine gesellschaftliche Dimension (das „öffentliche Interesse").[4]

Man kann auch zum Begriff der Denkmalpflege noch laut Denkmalschutzgesetze definieren:
In Deutschland hat Bayern sehr wirkungsvollen Gesetze,[5] definiert man laut bayrischem Denkmalschutzgesetz so;
Denkmäler sind von Menschen geschaffen Sachen oder Teile davon aus vergangener Zeit, deren Erhaltung wegen ihrer geschichtlichen, künstlichen, städtebaulichen wissenschaftlichen oder volkskundlichen Bedeutung im Interesse der Allgemeinheit liegt.[6]

Denkmal muß ein Gegenstand erfüllen, um ein Denkmal zu sein, dazu kann man ein Denkmal im Sinn des Bayerischen Denkmalschutzgesetzes zusammenfassen;
- Das Objekt muß von Menschen geschaffen sein.
- Das Objekt muß aus vergangener Zeit stammen.
- Das Objekt muß von geschichtlicher, künstlicher, städtebaulicher oder volkskundlicher Bedeutung sein.
- Die Erhaltung des Denkmals muß im Interesse der Allgemeinheit liegen.[7]

Der Professor Hartwig Schmidt an der RWTH Aachen spricht zur Begriff der Denkmalpflege:
Denkmalpflege hat nicht die Aufgabe, die Vergangenheit leicht verständlich, aufzubereiten, sondern die Pflicht, die Überreste der Vergangenheit zu schützen und zu erhalten.

Um es kurz zu sagen, Denkmal, das von Menschen geschaffen wurde und aus vergangener Zeit mit geschichtlicher, künstlicher und städtebaulicher Bedeutung stammt, bedeutet ein

---

[3] Pevsner/Honour/Fleming, Lexikon der Weltarchitektur, Prestel, s.156
[4] Arbeitsheft zur Denkmalpflege in Niedersachsen Dokumentation der Jahrestagung der Vereinigung der Landesdenkmalpflege in der Bundesrepublik Deutschland, Denkmalpflege 1975, s.149~150
[5] Gottfried Kiesow verfasste in seinem Buch „Einführung in die Denkmalpflege" über Gesetzliche Grundlagen des Denkmalschutzes: Die erste mit sehr wirkungsvollen Gesetzen umfaßt die von Bayern, Hessen, Bremen und Schleswig-Holstein, die zweite, mit noch brauchbaren Gesetzen, die von Baden-Württemberg, Hamburg, Niedersachsen Schutz, die dritte, mit dem schwächsten Schutz, die Länder Rheinland-Pfalz, Nordrhein-Westfalen und Berlin., Wissenschaftliche Buchgesellschaft, s.74
[6] Band 54, Denkmalschutzgesetze, Schriftenreihe des Deutschen Nationalkomitees für Denkmalschutz, s.19
[7] Schiedermair/Werner/Scherg/Jutta, Denkmalfibel, Callwey, s.26

Bauwerk zu Erhaltungswert, dazu bedeutet Denkmalpflege mit solchem Denkmal zu schützen, zu erhalten und zu pflegen.

2. Grundsätzen und Methoden der Denkmalpflege

In diesem Teil beschreibe ich über Aufgabe der Denkmalpflege, und dazu fasse ich über Grundsätzen und Methoden der Denkmalpflege zur Aufgabe zusammen.[8] Aufgabe der Denkmalpflege behandelt Baudenkmälern, vor der Zusammenfassung will ich Arten von Baudenkmälern beschreiben.[9]

2-1. Arten von Baudenkmälern

Baudenkmäler können sein:
Archivgebäude, Aufzüge, Außenwerbungsanlagen, Bäder, Balkone, Balustraden, Bankgebäude, Befestigungen am und im Ort, Bildstöcke, Bibliotheken, Börsen, Brücken, Brüstungen, Brunnen, Brunnenanlage, Burgen, Burgruinen, Eisenbahnbauten, Erker, Feldkapellen, Feldkreuze, Festungen, Finanzbauten, Friedhöfe, Gartenhäuser, Gewächshäuser, Grabdenkmäler, Grabsteine, Grenzsteine, Hammerschmieden, Häuser, Hochschulbauten, Hofhaltungsbauten, Hütten, Industriebauten, Justizgebäuden, Kamine, Kapellen, Kalköfen, Kasernen, Kaufhäuser, Kirchen, kirchliche Amtsbauten, Klosterhöfe, Kornkästen, Kongregationsbauten, Kriegerdenkmäler, Kreuzsteine, Kreuzwegstationen, Kuranlagen, Luftverkehrsanlagen, Marterln, Masten, Mauern, Meiler, Messegebäude, Militärbauten, Mühlen, Museen, öffentliche Gebäude, Ortsbefestigungen, Polizeibauten, Portale, Postgebäude, Rathäuser, Remisen, Residenzen, Ruinen, Scheunen, Schlachthäuser, Schlösser, Schrannen, Schutzbauten, Spitäler, Stadel, Stadttürme, Stadtwaagen, Straßen, Straßenpflaster, Sühnekreuz, Teiche, Theater, Tore, Torhütten, Türme, Tunnels, Verwaltungsbauten, Waisenhäuser, Wasserbauten, Wegkreuze, Weinberghäuschen, Zäune, Zeughäuser usw.
Denkmäler sind folgendermaßen eingeordnet:

(1) Baudenkmäler: bauliche Anlage aller Arten: wie schon obengenannt beschrieben.
(2) Technische Denkmäler: Verkehrsanlagen wie Eisenbahnstrecken, Kanäle und Brücken, Anlagen der Energieversorgung mit Gas und Strom, der Wasserversorgung sowie Fabrikationsstätten von Industrie - und Konsumgütern, Fabrikanlage durch ihre Vielteiligkeit von Gebäuden und technischer Ausstattung, aber auch die einzelne erhaltene Kraftmaschine oder Gerätschaft im Extremfall.
(3) Ensembles: eine Gruppe von Gebäuden, die zusammen ein historisches Orts-, Platz- und/oder Straßenbild(als Ganzes erhaltungswürdig sein).
Dabei einzelne Gebäude innerhalb eines Ensembles zwar Denkmaleigenschaft.
Doch gibt es auch viel Gebäude im Ensembels, die für sich allein keinen Denkmalcharakter haben und trotzdem als Ensemble – Bestandteil unter Denkmalschutz Stehen.
Ensemble: z.B. eine Schloßanlage, ein Straßenzug, ein Platz oder ein ganzer Stadtkern.
(4) Historische Ausstattungsstücke: in Verbindung mit dem Baudenkmal, in dem sie sich Befinden und dessen Bestandteil sie bilden, vor allem mit dem Bauwerk fest verbundene Gegenstände wie: z.B. Altäre, Kirchenstühlen, Wandverkleidungen, Fresken, u.U. auch bewegliche Sache.
(5) Bewegliche Denkmäler: z.B. Gemälde Skulpturen, Möbel, Bücher oder Urkunden, also nicht ortsfeste Gegenstände, auch schienengebundene Fahrzeuge,(z.B. Lokomotiven) und

---

[8] Siehe: ebd. s.30~34
[9] Ebd. s.43

Schiffe.
(6) Bodendenkmäler: bewegliche oder unbewegliche Überreste vor allem aus vor- und frühgeschichtlicher Zeit(15000 v.Chr. bis 950 n.Chr.) im Boden befinden sich oder im Boden gefunden und gebogen werden: z.b. Reste von Befestigungsanlagen und anderen Gebäuden, Ringwälle, Viereckschanzen, Gräber, Münzen, Gefäße, Werkzeuge, Schmuck.

2-2. Definition zur Aufgabe der Denkmalpflege

(1) Konservierung (von lat.: conservare)
Konservieren heißt bewahren, erhalten.
Die Konservierung will also weder Instandsetzung, noch sanieren oder ergänzen, sondern nur den vorgefundenen Bestand retten. Zu den konservierenden Maßnahmen sind alle Maßnahmen zu rechnen. Konservieren heißt zum Beispiel Festigung von origineller Denkmalsubstanz, also Tränkung einer Steinskulptur oder Hinterspritzen einer hohl liegenden Putzschicht, das Niederlegen von abplatzenden Malschichten an einem Gemälde oder einer gefaßten Skulptur, Festigung des Bildträgers usw.
Konservierungsmaßnahmen sichern den materiellen Bestand eines Denkmals.
Die oberste und schonendste denkmalpflegerische Maßnahme im Umgebung mit Baudenkmälern ist die Konservierung, aber die ideale Konservierung, die nichts berührt und alles erhält, gibt es leider in der Theorie.[10]

(2) Restaurieren (von lat.: restaurare)
Restaurierung heißt erneuern, wiederherstellen und einem Denkmal die ihm angemessene Wirkung wiederzugeben, die noch vorhandene Substanz wieder zur Geltung zu bringen und seine vorhandene Substanz wieder zur Geltung zu bringen und seine Aussage nach Form und Inhalt wieder anschaulich werden zu lassen.
Maßnahme: die Abnahme stark vergilbter und störender Überzüge und Schichten, die Entfernung entstellender Eingriffe und Veränderungen, die Ergänzung und das Retuschieren - auf das unbedingt notwendige Maß beschränkt - mit dem Ziel, durch den Schließer von Fehlstellen und Lücken das Original wieder erlebbar zu machen.
Als Restaurierung werden alle die Maßnahmen bezeichnet, die nicht bei der ausschließlichen Sicherung (Konservierung) stehenbleiben, sondern darüber hinaus auf die Hervorhebung der künstlerischen und historischen Qualitäten des Denkmals ausgerichtet sind.[11]

(3) Rekonstruieren (von lat.: reconstnere)
Rekonstruktion ist eine Wiederrichtung oder ein Wiederaufbau eines nicht mehr existierenden Objektes, dessen ehemaliges Aussehen aus Beschreibungen, Plänen oder bildlichen Darstellungen noch weitestgehend bekannt ist.
Es heißt eingedeutscht ganz genau „Rückbau".

(4) Renovieren (von lat.: renovare)
Unter Renovierung ist Erneuerung und Modernisierung des Erscheinungsgebildes eines Denkmals durch Ersatz von Teilen seiner historischen Substanz oder durch Aufbringen einer neuen Außensicht zu verstehen.
Renovierung ist nur gerechtfertigt, wenn die Substanz gefährdet oder die Wirkung des Denkmals beeinträchtigt ist.

---

[10] Prof. Dr. - Ing. Hartwig Schmidt an der RWTH, Vorlesungsskript zum Wintersemester 1998/99, s.67
[11] Ebd.

Maßnahmen: die Erneuerung von Dacheindeckungen, Verputz und Anstrichen oder das Überfassen von im Freien stehenden Holz oder Steinskulpturen.

(5) Instandhaltung, Instandsetzung, Sanierung

1) Instandhaltung:
Zur Instandhaltung eines Baudenkmals gehören scheinbar selbstverständliche Maßnahmen wie die Säuberung der Dachrinnen oder das Nachstecken beschädigter Dachziegel, Maßnahmen, die der Eigentümer ohne weiteres selbst durchführen kann und die umfangreichen Schäden abwenden.
Die Instandhaltung sollte bei der Instandsetzung erster Grundsatz sein.

2) Instandsetzung:
Unter Instandsetzung versteht man stets nur die Reparatur oder Erneuerung von Einzelgewerken eines Bauwerks im Gegensatz zur noch besprechenden, tiefgreifenden Sanierung.
Bei allen Instandsetzungsarbeiten muß zugunsten weitestgehender Substanzerhaltung der Reparatur grundsätzlich der Vorzug vor dem Austausch gegeben werden.

3) Sanierung(von lat. : sanare):
Sanierung heißt gesunheitmachen oder heilen.
Für die Werke der bildenden Kunst, bewegliche oder unbewegliche, bedeutet Sanierung die naturwissenschaftliche Kontrolle aller Eigenschaften des Denkmals, die Analyse der schädlichen Einflüsse, deren mögliche Beseitigung(z.b. Horizontalsperren gegen aufsteigende Feuchtigkeit bei Fresken) oder Reduzierung(z.b. Schutzverglassung von gefährdeten Fenstern) und die Wiederherstellung eines technisch dauerhaften Gefüges(z.B. durch Steinhärtung), sowie die oft notwendige Wiedergewinnung eines erlebbaren Ganzen als der allgemeinsten Form von Nutzung eines Kunstwerkes.

(6) Kopieren:
Bei einer Kopie handelt es sich um eine deteilgerechte, maßstabs- und formgetreue, ggf. auch materialgerechte Nachbildung eines Originals.
Sie setzt das noch existierende Original voraus.
Etwa eine vor Zerstörung kann bedrohte Fassadenfigur durch eine Kopie ersetzt werden.

(7) Ergänzung:
In denkmalpflegerisch engerem Sinne Herstellung eines einmal existierenden, nun aber fehlenden Teiles, der aus ästhetischen, geschichtlichen oder funktionalen Gründen für unentbehrlich gehalten wird. Je nach Quellenlage ist solche Ergänzung mehr oder weniger hypothetisch.

(8) Ersatz:
Austausch eines beschädigten oder sonst wie ungeeigneten Teiles eines Ganzen(vom steinmetzmäßigen Werkstück bis zum Einzelhaus in einer Zeilenbebauung) durch ein Neues mit ähnlicher oder identischer Funktion in ästhetischer, funktionaler und technischer Hinsicht.

(9) Wiederaufbau:
Neuherstellung von Denkmälern meist nach schnell wirkenden und kurz Zeit zurückliegenden Zerstörungskatastrophen wie Krieg, Brand und Erdbeben in der Regel auf Grund des unmittelbaren Wiederaufbauwillens der betroffenen Bevölkerung.

2-3. Sonstige Definition:

(1) Fälschung:
Mißbräuchliche Herstellung und Verwendung der Kopie in Täuschungsabsicht bei der Herstellung und(oder) bei der Verbreitung der Kopie durch die Behauptung, sie sei das Original.

(2) Imitation:
Herstellung eines neuen Werks in Angleichung an bereits Bestandes um die Erkennbarkeit als Neues zu vermeiden.
Der Unterschied zur Kopie besteht darin, daß nicht ein konkretes Vorbild genau nachgeahmt wird.

3. Wissenschaftliche Definition zur Denkmalbegriff[12]

Um zu einer Begriffsbestimmung zu gelangen, die von persönlichen oder epochalen Auffassungen weitgehend frei ist, muß man Analyse wird - das läßt sich voraussehen – einige Faktoren kristallisieren, die man der Einfachheit halber und um eine übersichtliche Klarheit zu gewinnen, in einer Gleichung zusammenfassen können:
M (Monument, Denkmal)   A / B / C......... usw.
Man nennt zur Unterscheidung von der Mathematik und aus sprachlichen Gründen die einzelnen Bestandteile der Gleichung „Faktoren".

Die Einmaligkeit der Komponentenkonstellation ist charakteristisch für den Begriff, den man als „Original" bezeichnen. Die oben angedeutete Formel heißt also in ersten Stadium:
M (Monument) = O (Original)

Einbauwerk, das durch mehrere Impulse entstanden ist, setzt sich also aus einer Summe von Originalen zusammen. In einer Formel gebracht, muß es demnach heißen:
$\sum O = O_1 + O_2 + O_3 + ... On$
Die als O_1, O_2, O_3 usw. bezeichneten Originalzustände wurden zu verschiedenen Zeiten geschaffen. Ihre simple Summierung verleugnet die zeitliche Differenz ihrer Entstehung.
Um diese Differenz meßbar zu machen, ist es notwendig, eine Bezugsebene zu wählen, die unserer Gegenwart liegen muß, wenn das Alter des Objektes festgestellt werden soll. Das Wir verschiedene O - Faktoren haben, ergeben sich ebenso viele Zeitfaktoren, die als T = Tempus signiert werden sollen: $T_1 + T_2 + T_3 + ... Tn$.
In diesem Stadium der Untersuchung heißt die Formel:
$M = \sum O + \sum T$
Durch die Faktoren O und T läßt sich die historische Individualität weitgehend genau bestimmen und messen.
Es ist zweifellos ein historisches Dokument wie alles, was aus einer vergangenen Zeit auf uns gekommen ist, nicht aber zugleich auch ein Kulturdenkmal unterscheidet sich von einem Zeitdokument durch die Qualität seiner Konzeption und deren Ausführung.

Für die Analyse ist es deshalb auch erforderlich, die Qualität eines Dokumentes in Rechnung zu setzen, das sie als denkmalbestimmender Faktor unabdingbar ist:

---

[12] Prof. Dr. – Ing. Friedrich Mielke an der TU Berlin, Die Zukunft der Vergangenheit, - Grundsätze, Probleme und Möglichkeiten der Denkmalpflege, 1975 Deutsches Verlag, s.25~32(Zusammenfassung)

$M = \Sigma O + \Sigma T + Q$ (Qualität)
An dieser Stelle ist es nicht notwendig, den Q – Faktor durch eine Aufgliederung in $Q_1 + Q_2 + Q_3 + \ldots Q_n$ auf die O – und T – Faktoren zu beziehen. Es geht nicht darum, daß für jeden Impuls eine eigene Qualifikation nachgewiesen wird, sondern es ist allein wichtig, daß das letztlich entstandene Gesamtwerk eine ausreichende Qualität besitzt.

Das Engagement für die Qualität eines Werkes setzt voraus, daß diese Qualität attraktiv ist, daß sie eine Aussagefähigkeit hat, die allgemein erkennbar und schätzenswert ist. Durch seine Attraktivität wird das Denkmal zum Sinnbild, zum Symbol.
Wenn der Symbolcharakter eines Denkmals unabhängig ist von dem Originalzustand, unabhängig von der Zeit und von der Qualität, dann ist jeder Ersatz des Originals , dann ist jede Rekonstruktion dem Original gleichwertig.
Manche Werke können nur als Symbol wirken, wenn sie verbreitet werden, d. h. Wenn man sie vervielfältigt. Was bei einem Denkmal im substantiellen Sinne nicht erlaubt ist, wird hier gefordert. Es ist nicht nur möglich, sondern sogar nötig, den ideellen Wert in viele Symbole zu übertragen.
Fügt man den Symbolfaktor (= S) der Formel hinzu, so heißt diese jetzt:
$M = \Sigma O + \Sigma T + Q + S$
Damit ist die Analyse abgeschlossen und die Formel vollständig. Es haben sich vier Faktoren ergeben, mit deren Hilfe jedes Baudenkmal eindeutig charakterisiert ist. Die beiden anderen Faktoren O und T sind - wenigstens theoretisch - meßbar. Die beiden Q und S dagegen sind keine absoluten, sondern relative Größen. Sowohl die beiden absoluten als auch die beiden relativen Faktoren sind voneinander abhängig. Sie können nicht einzeln auftreten oder sich gegenseitig ersetzen, sondern bilden jeweils eine Gruppe. Beide Gruppen, die meßbaren und die nicht meßbaren Faktoren, stehen sich polar gegenüber. Ihre gegensätzliche Position bedeutet nicht Widerspruch, sondern Ergänzung.
Überprüft man die Formel, indem man eine Negativprobe macht. Dazu verzichtet man zunächst auf die relative Faktorengruppe Q + S.
Man erhält dadurch den bereits skizzierten Charakter eines beliebigen Bauwerks ohne jede Qualifikation und ohne sinnbildhafte Bedeutung. Das heißt, ohne die Faktorengruppe Q und S ist das Objekt wohl als Zeitdokument, nicht aber als Kulturdenkmal charakterisiert.
Verzichtet man dagegen auf die Faktorengruppe O + T, so wird dadurch ein Abstraktum definiert, das wohl literarisch existieren kann, nicht aber als substantielles Werk. Ein Denkmal ohne Originalsubstanz, die ihrerseits den Zeitfaktor bedingt, kann es nicht geben. Erst beide Faktorengruppen zusammen erfüllen die Charakteristik eines Denkmals.

III. Übersicht der Postmoderne

1. Einleitung für das Verständnis der Postmoderne

[13]Für das Verständnis der Postmoderne ist notwendig, ihre Ursprünge zu untersuchen. Dafür muß man sich zunächst in die Zeit nach dem Zweiten Weltkrieg versetzen. Damals wurden endlich die Ideale der klassischen Moderne, wie sie von Le Corbusier und den Bauhaus – Architekten Gropius und Mies van der Rohe verkündet wurden, in der ganzen (freien) Welt akzeptiert. Erst in dieser Periode wurden große Objekte mit verglasten Vorhangwänden gebaut, wie sie Mies van der Rohe schon in den zwanziger Jahren vorgeschlagen hatte.[14] Und der unermüdliche Propagandist der Moderne in den Vereinigten Staaten, Philip Johnson, sorgte dafür, daß sie dort das breite Publikum erreichte.
Ausschlaggebend für die Akzeptanz war aber der kommerzielle Erfolg dieser Bauten.
Die simplen, prismatischen Bürocontainer konnte man leicht in der Entwurfsphase jeder gewünschten Größe anpassen und in der Ausführung schnell und rationell verwirklichen.
Es war vor allem die schnelle und trockene Montage der Vorhangwände, die sie in Amerika populär machte. Die Bauherren, für die der Grundsatz „time is money" entscheidend war, hat die ästhetische Qualität dieser Architektur nicht immer begeistert, aber wenn bekannte Kritiker wie Philip Johnson meinten, daß diese Architektur das Schönheitsideal der modernen Zeit verkörpere, waren auch sie einverstanden.
Solange es sich nur um einzelne hochrangige Objekte handelte, die sich von der Masse eklektischer Architektur abhoben, schien alles in Ordnung zu sein. Das Lever House von Gordon Bunshaft (im Büro Skidmore, Owings, Merill), 1952, oder das Seagram Building von Mies van der Rohe, 1954-1958 [15], waren erfrischende Erstlinge, die später viele Nachfolger sowohl in Amerika als auch in Europa fanden. Als jedoch die Städte massenweise von ähnlichen Vorhangfassaden – Kästen überschwemmt wurden, erhoben sich die ersten Proteststimmen.
Es wurde oft behauptet, daß der Fehler in der minderwertigen architektonischen Qualität dieser Produktion lag, und daß hier nur wenige erstklassige Architekten zum Zuge kamen. Daran aber lag es nicht. Die Eintönigkeit dieser Architektur war Programmatisch. Die besten Proportionen und Details der Vorhangwandelemente konnten nichts daran ändern, daß durch ihre endlose Wiederholung eine Monotonie entstand. Die visuelle Qualität der ersten Beispiele und im Kontrast zur Masse der vorhandenen, historisierenden Architektur dieser Jahre wurde die Bezeichnung *„international style"* geprägt.[16]
..........Als dieser Stil am stärksten verbreitet war, war das amerikanische Publikum etwas konservativ; es hat die klassische Moderne nie voll akzeptiert und hing dem Ideal eines Kolonialhauses mit einem klassischen Säulenportikus nach. Anfang der siebziger Jahre nahmen die Proteste konkrete Gestalt an..........

---

[13] Cejk, Jan, Tendenzen zeitgenössischer Architektur, W.Kohlhammer. 1993, s.24

[14] Mies van der Rohe hat in den Jahren 1921-24 vier Entwürfe für ideale Bürobauten ausgearbeitet. Der erste davon (1921) war für ein ganz verglastes Hochhaus. , Zitat aus ebd.

[15] Das Seagram Building war das erste Hochhaus von Mies van der Rohe, dessen Außenhaut aus verglaster Vorhangwand (curtain wall) bestand, die hier mit Profilen aus Bronze (auf tragenden Stahlprofilen) montiert wurde.

[16] Die Bezeichnung „international style" entstammt der gleichnamigen Publikation, die 1932 in New York erschienen ist.
Im deutschsprachigen Raum wird diese Richtung der Moderne ebenfalls „internationaler Stil" genannt.

Es wäre ungerecht zu behaupten, daß die Architekten die Schwächen des internationalen Stils nicht gesehen haben. Als einer der ersten reagiert gerade Philip Sohnson, und zwar mit einer Art von Klassizismus..........

2. Definition der Postmoderne

Zunächst will ich nach Lexikon Definition der Postmoderne versuchen.

[17]Der Begriff der Postmoderne wurde zum ersten Mal von Charles Jencks in „Die Sprache der postmodernen Architektur"(1977) für die neuen Tendenzen des Bauens verwendet; zuvor schon war er in der Literaturkritik (Federico De Onis, 1934; Irving Howe, 1963) und in der Geschichtsschreibung (Arnold Toynbee, 1938-47) – jedoch mit anderem Sinngehalt – in Gebrauch..........Bisherige Definition im Bereich der Architekturtheorie stammen von Charles Jencks („What is Postmodernism?", 1986) und Heinrich Klotz („Moderne und Postmoderne – Architektur und Gegenwart 1960-80", 1984). Nach Jencks ist Postmoderne eine „Doppelkodierung" der Architektur, „eine Verbindung von Techniken der Moderne mit etwas anderem (meist traditioneller Architektur), damit die Architektur einerseits mit der Öffentlichkeit und andererseits mit einer engagierten Minderheit, meist Architekten, kommunizieren kann". Jencks fordert einen „radikalen Eklektizismus"(1978). Klotz wendet sich gegen eine Einschränkung des Begriffs auf eine nur historisierend eklektische Architektur. Im Unterschied zur spätmodernen Architektur, die von einem „Vulgär – Funktionalismus"(A. M. Vogt) dominiert worden sei und nicht länger explizite Bedeutungen vermittelt habe, sei die Postmoderne wieder „fiktional", narrativ und symbolisierend („nicht nur Funktion, sondern auch Fiktion").

3. Theorie der Postmoderne

(1) Jencks Theorie der Postmoderne:[18]
..........Noch heute würde ich die Postmoderne wie damals als *doppelten Code* definieren: als *eine Kombination moderner Techniken mit etwas anderem (gewöhnlich der traditionellen Architektur), mit dem Ziel, eine Architektur zu begründen, die mit dem Publikum und mit einer bestimmten Gruppe von Minderheit, im allgemeinen mit anderen Architekten, kommuniziert.* Der Wesenskern dieses *doppelten Codes* ist selber doppelt: die moderne Architektur hat ihre Glaubwürdigkeit eingebüßt, weil sie nicht wirklich in Kommunikation trat mit ihren tatsächlichen Benutzern – dies ist auch das Hauptthema meines Buches *The Language of Post – Modern Architeckture* -, und teils, weil sie nicht wirklich an die Realität der Stadt und ihrer Geschichte anknüpfte. So war die Lösung, die ich persönlich als postmodern wahrnahm und definierte, eine Architektur, die auf professionellen Grundlagen beruhte und die zugleich populär, volksbezogen war, sowie eine, die zugleich die neuen Technologien und die alten Grundmuster miteinbezog. Der *doppelte Code* ist demnach sowohl elitär/populär als auch neu/alt, und es gibt in der Tat zwingende Gründe dafür, warum man mit diesen Gegensatzpaaren operieren sollte. Die heutigen postmodernen Architekten sind bei den Modernen in die Schule gegangen und sehen sich nun der Aufgabe gegenüber, sowohl die zeitgenössische Technologie zu nutzen als auch der sozialen Wirklichkeit gerecht zu werden.......... Die hauptsächliche Leitidee der postmodernen Architektur ist die, daß nach Ansicht ihrer Vertreter die Architektur der Moderne versagt hat: ihr ins Mystische erhobener

---

[17] Pevsner/Honour/Fleming, Lexikon der Weltarchitektur, Prestel,1992, s.506
[18] Siehe in Charles Jencks, What ist Post – Modernism?, 1990 für die deutsche Ausgabe, Verlag für Architektur Artemnis Zürich und München

„Tod" wurde über zehn Jahre hinweg angekündigt . Im Jahre 1968 erlitt ein englisches Hochhaus, Ronan Point, einen sogenannten „kumulativen Einsturz"; seine Geschosse gaben nach, nach einer vorangegangenen Explosion. 1973 wurden mache lagen und schmalen Häuserblöcke bei Pruitt – Igoe in St.Louis absichtlich in die Luft gesprengt. Von der Mitte der siebziger Jahre an wurden diese Arten von Explosion zu einer ziemlich häufig angewandten Methode, um den Unwillen der Bevölkerung über die Fehler der modernen Bauweise zum Ausdruck zu bringen..........

(2) Entwicklung der Postmoderne Architektur:[19]
Mit der Funktionalismuskritik, die die skulpturalen Bauten von SITE(Sculpture in the Environment) beinhalteten, standen die Architekten keineswegs alleine. Nicht nur bei SITE regierten sich deutliche Zweifel daran, daß das Architekturkonzept der mittlerweile klassisch gewordene Moderne, das so lange die Entwicklung der Baugeschichte dominiert hat, allein seligmachend sei. Besonders die Vorgaben für den Wohnungsbau, ein angemessenes soziales Umfeld für die Bewohner zu schaffen, mußten selbst in der Realität als kaum erfüllt angesehen werden. An die Stelle der qualitätvollen und anspruchsvollen Gründungsbauten der Moderne waren niveaulose Slums, immer trostlosere Mietskasernen im standardisierten Kastenformat, getreten.
Von ihren Anfängen im späten 19.Jahrhundert an hatte sich die Architektur der Moderne bemüht, die traditionellen historischen Bau- und Dekorationsformen aus der Architektur zu verbannen. Säure und Giebel waren durch kubische Kästen mit flachem Dach ersetzt worden.
Aus Stahlbeton und Glas errichtet, verzichteten diese auf jegliche ornamentale Verzierung und stellten statt dessen ihre strahlend weiße oder gläserne Fassade zur Schau. Aber unter der Oberfläche gewordenen modernen Architektur, die von Saarinens kurvenreichem Expressionismus bis zu den strengen Rasterbauten der Bauhaus – Altmeister Gropius und Mies van der Rohe reichte, begannen sich bereits zu Beginn der 60er Jahre neue Strömungen zu regen, die sich auch wieder für Verzierungen und Ornamente. Sie waren nicht mehr gewillt, den rigorosen Vorstellungen des als langweilig erachteten Bauhaus – Funktionalismus zu folgen.
Bestimmender wurde jedoch das „postmoderne" Bauten, dessen Wurzeln bis in die sechziger Jahre zurückreichen.
Am Anfang dieser Bewegung standen die frühen Bauten des Amerikaners Robert Venturi, der mit seinen Publikationen Komplexität und Widerspruch in der Architektur (1966, dt. 1978) und *Lernen von Las Vegas* (1972 dt. 1979) die Grundlagen der postmodernen Architekturtheorie schuf. Beide Publikationen markieren die Spannweite Venturis zwischen Tradition und Alltagskultur, das manieristische Prinzip der römischen Nach – Renaissance – Architektur mit seinen inneren Brüchen auf der einen Seite sowie andererseits die Hinwendung zur Architektur als Werbeträger, dem Prinzip des „dekorierten Schuppens"(decorated sheed).
Der Amerikaner Robert Venturi hatte 1960 mit dem Altenwohnheim „Guild House" in Philadelphia so etwas wie den Gründungsbau der Postmoderne entworfen. Mit der symmetrischen, mauerreichen Fassade, das mit einer Säure betonten Eingang in der Mittelachse, einem großen Segmentbogenfenster und einer funktionslosen Fernsehantenne als Dekor und Symbol für die Hauptbeschäftigung der Hausbewohner fanden sich hier viele typische Elemente dieser Architektur.
So schematisch, wie die Moderne ihre Vorgänger in Bausch und Bogen verfuhren die Wortführer postmodernen Bauens mit der modernen Architektur: Statt ausgewogener Asymmetrie Rückkehr zur althergebrachten „Lochfassaden" mit im Laufe der Zeit immer

---

[19] Siehe in Jürgen Tietz, Geschichte der Architektur des 20.Jahrhundert, Könemann 1998
Jan Gympel, Geschichte der Architektur von der Antike bis Heute, Könemann, 1996

kleiner werdenden Fenstern, statt Schmucklosigkeit oder bestenfalls aus der Konstruktion heraus entwickeltem Dekor aufgesetzte Verzierung.

Denn es gelten nicht „less is more", wie Mies van der Rohe erklärt hatte, sondern „less is a bore", meinte Robert Venturi. In seinem Buch „Complexity and Contradiction in Architecture" unterzog er 1966 das moderne Bauen einer Generalkritik. Eine noch breite Wirkung hatte sein Werk „Learning from Las Vegas" entstanden zwischen 1972 und 1978, in dem er die Vorzüge trivialer, publikumsnaher Architektur feierte. Er plädierte für den „dekorierten Schuppen", den konventionellen Bau(an Stelle der Modernen Orientierung an fortschrittlichsten Bautechniken), dem man Schmuckformen bis hin zu kompletten, weder mit den Funktionen noch der Konstruktion oder überhaupt dem Gebäudeinneren verbundenen Schaufassade hinzufügte – bei den gotischen Kathedralen oder den Palästen der Frührenaissance sei dies schließlich auch nicht anders gewesen.

Venturi übersah dabei, wie viele andere, daß eine Wohnung nicht Las Vegas ist und sich seit dem Mittelalter oder der frühen Neuzeit manches verändert hatte, unter die Revolution der Stahlbetonbauweise.

Venturis Idee war es, nicht hinter die Moderne zurückzugehen, sondern ihren trost- und qualitätslosen Auswüchsen eine Alternative gegenüberzustellen. Venturis Architektur war also ein erster Ansatz zur Überwindung der Moderne, der Auftakt zur Post – Moderne.

(3) Tabelle der wichtigsten Wiedergabe zur Theorie der Postmoderne[20]

Robert Venturi:	Moderne:
beschreibender Symbolismus, denotativ	andeutender Symbolismus, konnotativ
appliziertes Ornament (Dekor an der Oberfläche, prinzipiell Fassadengestalltung)	integriertes Ornament(nicht gewollt, durch Formung integrierter Elemente entstanden)
gleichzeitige Verwendung verschiedener Medien, heterogen	reine Architektur, alles einem Leitgedanken untergeordnet
mitteilende, gesellschaftsbezogene Architektur	Architektur per se, nur für den Fachmann verständlich
evolutionär, an historische Vorbilder an schließend	revolutionär, ahistorisch, traditionsfeindlich
konventioneller und billiger Ausdruck	einzigartig, eigenständig bis „heroisch"
schöne, aufwendige Vorderfront	alle Seiten gleich aufwendig behandeln
bewährte, konventionelle Konstruktion	fortschrittlichste Technologie
akzeptiert die Wertskala der Bauherren	versucht idealistisch Höheres zu erreichen

Doppelte Kodierung: Ein postmodernes Gebäude ist sowohl modern als auch gleichzeitig traditionell. Es hat sowohl eine intellektuelle Wahrnehmungsebene, die sich nur dem Fachmann erschließt, als auch eine banale, die jedem Vorbeigehenden verständlich ist.

---

[20] Cejk, Jan, Tendenzen zeitgenössischer Architektur, W.Kohlhammer, 1993, s.29

IV. Denkmalpflege und postmodernes Architekturzitat in Südkorea

1. Übersicht zu Korea

(1) Eine kurze Geschichte von Korea

Vor der Anfang dieses Kapitel sollte ich für die Verständnis eine Geschichte von Korea beschreiben:

Die Besiedlung Koreas begann wahrscheinlich vor etwa fünfhunderttausend Jahren.
Das erste Königreich, Ko-Choson, wurde 2333 v.Chr. gegründet.
Im ersten vorchristlichen Jahrhundert waren drei Reiche entstanden: Koguryo, Paekche und Shilla. Diese Reiche breiteten sich über die gesamte Halbinsel und einen großen Teil der Mandschurei aus und gaben der Zeit der Drei Reiche (57v.Chr.- 668n.Chr.) ihren Namen.
Schließlich besiegte Shilla im Jahr 668 seine beiden Rivalen und vereinte die Halbinsel erstmals im Jahr 676.
In der Vereinten Shilla-Zeit (676-935) erlebte die Halbinsel eine kulturelle Blüte, insbesondere im Bereich der buddhistischen Kunst.
Während der folgenden Koryo-Dynastie (918-1392) bildete sich in Korea eine aristokratische Regierungsform heraus. Der Buddhismus war Staatsreligion und übte einen starken Einfluß auf Politik und Verwaltung aus. Interessant ist noch zu erwähnen, daß sich der Name "Korea" von "Koryo" ableitet.
Die Choson-Dynastie (1392-1910), Koreas letzte, übernahm den Konfuzianismus als Staatsideologie und führte politische und wirtschaftliche Reformen durch. Zu den wichtigsten kulturellen Leistungen gehörte ein Aufblühen literarischer Aktivitäten, u.a. die Entwicklung des koreanischen Alphabets Hangul im Jahr 1443. Die Hauptstadt Hanyang, das heutige Seoul, wurde 1394 gegründet, und noch heute finden sich hier Paläste und Stadttore aus dieser Epoche.
Die Chosun-Dynastie endete durch die japanische Invasion im Jahre 1910. Korea stand so 36 Jahre lang bis zur japanischen Kapitulation im zweiten Weltkrieg am 15. August 1945 unter japanischer Kolonialherrschaft. Nach der Befreiung wurde das Land jedoch in das demokratische Südkorea und den kommunistischen Norden geteilt.
Drei Jahre später wurde die Republik Korea im Süden gegründet.
Am 25. Juni 1950 brach mit der Invasion durch Nordkorea der Krieg aus, der drei Jahre lang bis zum Waffen- Stillstandsabkommen 1953 dauerte.
Nach dem Krieg unternahm Korea unermüdliche Anstrengungen zum Wiederaufbau des Landes in Wohlstand und Stabilität. Es erreichte ein bemerkenswertes Wirtschaftswachstum, das von vielen Entwicklungsländern als ein Modell betrachtet wird.[21]

---

[21] Siehe in http://www.koreatour.de, KNTO(Korea National Tourism Organization)

(2) Zum Vergleich der Allgemeinheit zwischen Korea und Deutschland[22]

	Korea	Deutschland
Fläche	99 283 km²	356 974 km²
Einwohner	45,0 Mio.	81,5 Mio.
BSP / Kopf	8260 $	25 580 $
Inflation	4,5%	1,4%
Arbeitslosenquote	2,0%	10,1%
Urbanisierung	81%	87%
Alphabetisierung	98%	99%

2. Denkmalpflege in Südkorea

(1) Situation der Denkmalpflege in Südkorea:

Koreas modernen Denkmalschutz begann ab 08.04.1950 unter der amerikanischen Militärhoheit nach der Befreiung von japanischer Besetzung(im 15.08.1945), aber Koreas Denkmalschutz und pflege erschien erst Chosun – Dynastie.
Schon 17.Jahrhunder wurden Bücher über den Schutz und Pflege der Kulturgüter verfasst und bis Ende 19.Jahrhundert darüber ohne Unterbrechung geforscht und weiterentwickelt.
Aber leider endete diese Situation durch die japanische Invasion im Jahre 1910. Korea stand so 35 Jahre lang bis zur japanischen Kapitulation im zweiten Weltkrieg am 15. August 1945 unter japanischer Kolonialherrschaft.
In japanischer Besetzung führte Japaner in Korea Kolonialpolitik durch, dadurch konnten Koreaner eigene Denkmalpflege und Denkmalschutz nicht mehr entwickelt.
36 Jahre lang bis zur Befreiung war es Verbrecherviertel der Denkmalschutz Koreas.
Während dieser Hoheit wurden Koreaner von Japaner gezwungen und gelehrt, auf die Souveränität und eigene Kulturen zu verzichten, dadurch hatte die öffentlichen Interessen, die Denkmäler schützen und pflegen, nach der Befreiung von japanischer Besetzung und zwar bis heute verschwunden.
Das heißt es, daß es in Südkorea heute viele Wandalismus gibt.
Bis zum 1950 Jahr war Denkmalschutzgesetz, die während der Besetzung von Japan gemacht wurde, auch nach der Befreiung in voller Gang Kraft.
In 1960 Jahr wurden jetzige Denkmalschutzgesetze gemacht und das Amt für Denkmäler in Innenministerium eingerichtet.
Vor allem wurde Forschungsinstitut für Denkmäler in 1975 eingerichtet.
Ab Ende 70.Jahr wurde Denkmalschutz in öffentlichen Interesse durch Wiederaufbau und mit Aufklärungsbewegung zur Denkmalschutz entwickelt, so 1970er Jahr war in Südkorea eine Phase der Anfang für Denkmalpflege, aber da koreanische Regierung verhütete leider nicht, sie Abwanderung der kostbaren Kulturgüter zu verhindern, und solche Wandalismus gibt es heutzutage immer noch.

Bis zum heute fehlte Korea bei der Denkmalpflege am wichtigsten:
Das war eigene Denkmaltheorie, und deswegen sind fast alle historische Gebäude tot.
Das war ja ein schlimmes Ergebnis, das nach dem Anfang der modernen Denkmalpflege beim Praxis ohne eigene und richtige Denkmaltheorie kam.

---

[22] Siehe in http://home.t-online.de/home/guenterjoachim.koch/korea.htm#13

Diese falsche Behandlung gibt es momentan noch, und die Meinungen der Denkmalpflege geraten in Konflikt.

(2) Die Erhaltung der traditionellen Architektur und Annehmen der postmodernen Architektur in Südkorea

Unter der Denkmalpflege kann man in Südkorea eine Erhaltung der historischen Bausubstanzen weiter erhalten, und darüber hinaus muß man mit den historischen Bauformen ein modernes Gebäude entwickeln lassen.
Mit diesem Begriff handelt es sich in Südkorea um die Tradition.
Wie schon oben beschrieben, von Anfang 20.Jahrhundert an wurde Korea von Japan 36 Jahre lang kolonisiert, in dieser Zeit hatte Japan mit Kolonialpolitik Koreanern gezwungen, ihre Traditionen und Gewohnheiten zu verzichten, und Koreaner konnten nur ihre traditionellen Architekturen der beschränkten Geschichte haben, d.h. Sicher kann man sagen, daß die Geschichte der koreanischen traditionellen Architektur nur bis zum 19.Jahrhundert ist.
Nach der Befreiung von japanischer Besetzung wollten koreanische Architekten versuchen, moderne Gebäude an den traditionellen Gebäude sich zu knüpfen.
Dieses Bewußtsein oder die Bewegung begann Anfang 1960 Jahr allmählich, und Ende 1960 wurde die in schnellem Tempo eskaliert.
Das Problem der Erhaltung der traditionellen Architektur bei Denkmalpflege ist für koreanische Architekten am größten, d.h. wie könnte man modernes Gebäude in einer historischen Umgebung in Einklang bringen, oder wie müßte man für ein neues modernes Gebäude ein Motiv in traditionellen Gebäude finden.
Koreanische Architekten geben sich Mühe nur für solche Lösungen, und sie lassen Schutz und Pflege zur Erhaltung der Denkmäler außer Betracht, darüber hinaus interessieren manche koreanische Architekten und sonst manche Koreaner sich nur für traditionelle Gebäude, die bis zum 19.Jahrhundert gebaut wurden, wollen sie weiter erhalten.
In Südkorea, vor allem in Haupt Stadt Seoul gibt es noch viele Gebäude, die während der Besetzung von Japan von Japanern gebaut wurden, auch diese Gebäude sind ein Teil der koreanischen Geschichte, aber Koreaner haben widersprüchliche doppelte Gefühle, eine ist es, die Gebäude, die während der Zeit der Kolonie gebaut wurden, weiter zu erhalten, andere davon ist es, die abzubauen.

Man kann bisher diskutierende Theorie über Darstellung der modernisierenden traditionellen Architektur in Südkorea folgendermaßen in Ordnung bringen:
Erstens; alle Bauwerke, die von koreanischen Architekten entworfen wurden, erhalten eigentlich ein Geist der koreanischen traditionellen Architektur.
Zweitens; beim Bauen modernen Gebäude kann man von historischen Bauformen einige Details verwandeln oder imitieren.
Drittens; die Imitation der alten Bauformen ist keine kreative Architektur, allerdings muß man nur mit den traditionellen architektonischen Gedanken bauen.
Alle wurden so viel kritisiert, und die waren keine Lösung zur Erhaltung für historische Gebäude.

Koreanischer Prof. Dipl.-Ing. Architekt Hong-Sik Kim beschrieb persönlich in seinem bekannten Buch „Theorie der nationalen Architektur":[23]
- Erhaltung durch historischen Bauformen:
  (1) mit Imitation der traditionellen Bauformen→fast unmöglich zur Erhaltung.

---

[23] Siehe in Hong-Sik Kim, Theorie der nationalen Architektur, Verlag Han Gil Sa, in Südkorea 1988, s.351-356

(2) mit Analyse der traditionellen Bauformen.
- Erhaltung mit Inhalt der historischen Bauformen:
  (1) mit traditionellen architektonischen Gedenken.
  (2) mit Analyse der traditionellen architektonischen Raumfunktion.

Er beschrieb als Hypothese solche Theorie, und er behauptete, Tradition immer in dieser Hypothese als Basis sein zu müssen.

Wie schon beschrieben, Südkoreas Denkmalpflege handelt sich vor allem um Tradition, und damit wollte man bei Bauen, die Tradition darstellen müssen, immer verfahren, dazu erscheint ein wichtiges Ereignis im 08. Januar 1966 bei der Veröffentlichung eines Wettbewerbs für frühes National Museum.

Das National Museum als Wettbewerb war ein Gebäude, das in Südkorea von Mitte 1960er Jahre an ein wichtiges Ereignis in Architektur war:

Das Denkmalamt, das den Wettbewerb durchführte, wollte für das Museum schon existierende historische Gebäude direkt imitieren, deswegen hatten viele Architekten den Wettbewerb so stark kritisiert und boykottiert.

Auf jeden Fall wurde das National Museum laut diese Forderung entworfen und gebaut.

Außen Seite des frühen National Museums besteht aus neun historischen Bausubstanzen, die bekannte traditionelle Architekturen sind, innen Räume wurden ganz modern gebaut.

Demnächst Jahr verfolgte noch andere wichtige Ereignis:

Im 19. August 1967 stand in einer Zeitung einige Artikel, die ein Korea Historiker und Pfarrer geschrieben hatten.

Die Artikel, die das Bu-Yer Museum kritisierte, das in Regional liegt und von bekannten koreanischen Architekt Sugun Kim entwarf, kritisierten einen Bauform der außen Seite:

Die Ursache der Kritik war das Bauform, das wie japanischen Tempel aussieht.

Die Kritik wurde später in Gesellschaft so schnell eskaliert.

Auf jeden Fall brachte die Kritik seit 1960er Jahr die Traditionstreik, und damit kann Denkmalpflege zum Glück in öffentlichen Interesse legen.

Danach versuchten viele Architekten ohne richtige Denkmaltheorie, historische Gebäude leben zu lassen.

Dazu rechneten sie nur die traditionellen Gebäude, die bis zur japanischen Besetzung, d.h. bis Ende 19. Jahrhundert gebaut wurden.

Gerade in dieser Situation wurde postmoderne Architektur Anfang 1980er Jahr eingeführt.

Diese modische Strömung war für einige Architekten ein gutes Beispiel, und sie hatten ohne besondere Kritik postmoderne Architektur eingenommen, und zwar hofften sie, mit dem postmodernen Architekturzitat traditionelle historische Bausubstanz in moderner Umgebung weiter zu erhalten, aber auch die Postmoderne wurde von einigen Architekten stark kritisiert.

Nun will ich ein Beispiel zum Ergebnis der ohne Theorie entwickelnden Denkmalpflege vorstellen:

Japan baute ein Gebäude für den Kolonialbeamte von 1916 bis 1926, das Gebäude wurde zuerst von deutschen Architekt Georg de Lalande(1872-1914) entworfen, aber er starb an der Lungenentzündung, danach von japanischen Architekt weiter entworfen.

Vor der Befreiung wurde das koloniale Gebäude von Japanern 19 Jahre lang benutzt, und danach von US – Militär einige Jahre weiter benutzt.

Das koloniale Gebäude wurde bis zum 1995 fast 50 Jahre lang benutzt, und im 15.August 1995 begann man das Gebäude zu abbauen und existiert jetzt nicht mehr.

Fast 20 Jahre lang diskutierte man über Abbauen dieses kolonialen Gebäudes, als es bestimmte, das Gebäude abzubauen, kritisierte viele Leute dagegen, aber endlich baute man das Kolonial Gebäude ab.
Der Grund des Abbaus des Gebäudes für frühen Kolonialbeamte war das:
Es geht um das Problem des Orts.
Japan baute das Gebäude vor der Front des Palastes der Cho – Sun Dynastie, und Das Gebäude für den Kolonialbeamte galt bis zum Abbau als das Symbol der Kolonialherrschaft.
Vor dem Abbau diskutierte man fast 20 Jahre lang über den Wert und Methode des Abbaus, endlich wurde das Gebäude mit der Anweisung des 6en. Präsidenten Kim, Young – Sam im 15.August 1995 abgebaut.
Wenn das Gebäude in anderem Ort wäre, das Gebäude noch heute existieren könnte.
Davon kann man überzeugen, Seoul Hauptbahnhof, das Gebäude der Koreabank, ein Warenhaus im Zentrum, und das Rathaus in Seoul, und zwar die Amtswohnung des Präsidenten, usw. solche Kolonialgebäude noch heute zu existieren.
Mit der Beseitigung des großen Symbols und der Geschichte der Schande wollte Koreaner sich als ein unabhängiges Land fühlen, aber war das wirklich ein Irrtum.

In dieser Beziehung will ich ein Gegenbeispiel in Deutschland vorstellen:
Darüber könnte man Reichstag in Berlin sprechen.
Reichstag in Berlin wurde am Wettbewerb von Deutschen Architekt Paul Wallot(1884-1894) entworfen.
[24]Erst ein Jahrzehnt nach Schaffung des Kaiserreiches war man sich über den Bau eines Gebäudes für den Reichstag einig.
Am Wettbewerb nehmen 183 Architekten teil, von denen Paul Wallot mit seinem Entwurf den Vorrang erhielt. 1884 konnte endlich mit dem Bau begonnen werden, der sich über zehn Jahre hinzog.
Mehr als 26 Millionen Mark verschlang das Projekt einschließlich seiner üppigen Ausstattung. Bereits in den zwanziger Jahren galt das Bauwerk als erweiterungsbedürftig.
Ein neuer Wettbewerb blieb aber ohne bauliches Ergebnis, bis 1933 die Geschichte des Reichstags vorläufig durch Brandstiftung endete.
In den folgenden Jahren war dann auch ein Ort des Parlamentarismus überflüssig.
Nach weiteren Schäden im Weltkrieg folgten Jahr der Ungewißheit.
Von 1958 bis 1972 wiederhergestellt, tagen von Zeit zu Zeit Bundesgremien im alten Haus.
Auf dem Wege zur wiedererstehenden Hauptstadt Berlin wartet der Reichstag auf neue Aufgaben.
[25]Am 29. Juni 1994 stimmte der Bundestag Sir Norman Fosters endgültigem Entwurf zur Renovierung des von Paul Wallot Ende des 19. Jahrhunderts entworfenen Reichstags zu.
Das Gebäude sollte wieder eine Kuppel erhalten, möglichst an der stelle, an der sich auch die ursprüngliche Kuppel befunden hatte. Am 21. Juni 1991 war Berlin zur neuen Hauptstadt des wiedervereinigten Deutschlands erklärt worden, und bereits am 31. Oktober fiel die Entscheidung, den Reichstag renoviert zu lassen und zum Sitz des Bundestags zu ernennen.
Es ist beachtenswert, beim Renovierung des Reichstag vor allem einige Teile, an denen Sowjetische Soldaten sich mit Kohlestückchen aus dem ausgebrannten Plenarsaal verewigten, konservieren zu lassen.

Es gibt noch anderes ähnliche Beispiel:
Darüber könnte man such Konzentrationslager in Dachau bei München.
[26]Das Lager Dachau wird am 25. April 1945 von Einheiten der US – Armee befreit.

---

[24] Siehe in Berlin – Brandenburg(Ein Architekturführer), 1990 Ernst & Sohn Verlag
[25] Siehe in Contemporary Europan Architects, TASCHEN

Am 3. Mai 1945 wird zur Einäscherung der Krematorium wieder in Betrieb genommen.
Anfang Juli wird das „Kriegsverbrecherlager"(War Crimes Enclosuer) mit einer Kapazität von 30 000 Häftlingen eröffnet. Bis 22. Juli sind 8675 SS – Männer interniert.
Im September 1948 wird das „Schutzhaftlager" Dachau von der Flüchtlingsverwaltung übernommen, Neubelegungen bis 1957. Im Krematoriumsgelände wird eine Gedenkstätte eingerichtet, deren Schließung am 27.06.1955 der Landtagsabgeordnete Heinrich Junker(CSU) beantragt.
Im Rahmen einer Pilgerfahrt am 09. September 1956 wurde der Grundstein für das Denkmal gelegt. In einer Predigt im Rahmen eines Gottesdienstes sagte der Seelsorger des Wohnlagers, der ehemalige Dachau – Häftling Pater Roth. „Das Lager Dachau solle zu einem Weltheiligtum werden, das von der Geschmacklosigkeit einer Einwohnersiedlung befreit werden müsse. Für so viele Dinge seien in der Bundesrepublik Gelder da, so daß auch für die Gestaltung einer würdigen Gedenkstätte und die Unterbringung der hier zur Zeit lebenden Heimatvertriebenen Mittel da sein müßten".
Seit 1964 beginnt der Abriß der Baracken jeweils nach Auszug der Flüchtlinge, im April 1965 werden die letzten Baracken geräumt. 1968 wird am ehemaligen Appelplatz das Denkmal des „Comite international de Dachau" eröffnet. 1972: Abzug der US – Truppen aus dem SS – Lager, das der bayerischen Bereitschaftspolizei übergeben wird.

In diesem Vergleich kann man sehe wichtige Unterschieden bemerken:
Eine ist es: Manche Deutsche wollen ihre schlechte und schändliche Geschichte nicht beseitigen, sondern lieber weiter erhalten, dadurch können ihre Nachkommen als einem Beweismitte der wertvollen Geschichte eine Lehre ziehen, und zwar ziehen sie bei Denkmalschutz und Denkmalpflege nicht nur ihre traditionelle Gebäude in Betracht, sondern alle, was man eine Lehre von Geschichte bekommen kann, in Betracht.
Dagegen ist Korea ganz Gegenteil:
Koreaner wollten ihre schlechte und schändliche Geschichte beseitigen lassen, bei Denkmalpflege ziehen sie nur traditionelle Gebäude, die bis 19.Jahrhundert gebaut wurden, in Betracht.
Diese Philosophie der Denkmalpflege wäre für Südkorea wirklich ja ein Hindernis.
Und Südkorea müßte noch eine Dinge vorsichtig sein:
Denkmalpflege und Denkmalschutz verfahren nicht von einem Diktator, sondern immer in öffentlichen Interesse mit Fachmännern verfahren müssen.

Man könnte sagen, daß es völlig normal ist, daß man in solcher Situation zur Denkmalpflege in Südkorea postmoderne Architektur ohne besondere Kritik angenommen hatte.
Einige koreanischen Architekten gelten postmoderne Architektur als Art und Weise zur Denkmalpflege, seit 1980 Jahren versuchten sie mit Hilfe der Imitation der Traditionellen Architektur weitere Erhaltung der Tradition.
Heute bemerken einige Leute, es Irrtum zu waren, aber noch viele Leute bemerken gar nicht, Denkmalpflege im postmodernen Architekturzitat ein Irrtum zu sein.

Die Folge des postmodernen Architekturzitats in Südkorea wurde nicht verhindert können, weil es keine eigene Denkmaltheorie als Verteidigung gab.

---

[26] Siehe in Kurt Düwell/Herbert Uerlings, Trier Beiträge(So viel Anfang war nie? 50 Jahre Nachkriegszeit),aus Forschung und Lehre an der Universität Trier, Juni 1996

V. Denkmalpflege und postmodernes Architekturzitat in Deutschland

(1) Übersicht der Geschichte von Denkmalschutz und Denkmalpflege in Deutschland[27]

Vor zweihundert Jahren begann der gesetzliche Denkmalschutz in Deutschland
Die systematisch betriebene Denkmalpflege im heutigen Sinne muß im Grunde als ein Kind des Historismus angesehen werden, somit läßt sich ihre eigentliche Entstehung in die Wende vom 18. zum 19. Jh. Verlegen und ihre entscheidende Entfaltung durch das 19. Jh. Hindurch feststellen. „Die Geburtsstunde deutschen Denkmalpflege mag in das Jahr 1770 verlegt werden, als der junge Goethe bewundernd vor dem Straßburger Münster stand".

Das für die Entwicklung der Denkmalpflege entscheidende 19. Jh., begann, was die Erhaltung und Pflege namentlich kirchlicher Bau – und Kunstdenkmäler betrifft – unter sehr unglücklichen Bedingungen (Aufhebung der Klöster, Beschlagnahme und Versteigerung von Kirchengut, französische Revolution usw.).

In Bayern galt die Verordnung von 1808 den Bodenfunden, ihrer Meldung und Behandlung. Die stärkste Impulse zum Baudenkmälerschutz gingen aber nicht von der Politik oder Geschichtswissenschaft, sondern von den schöpferischen Architekten aus.

In Preußen beginnen nach den Befreiungskriegen verstärkte Bemühungen um Denkmalpflege, die – vor allem im Bewußtsein der kurz zuvor erfolgten gewaltigen Zerstörungen – namentlich von Karl Friedrich Schinkel und Sulpiz Boisseree getragen wurden.

Im Großherzogtum baden setzte sich Friedrich Weinbrenner energisch für denkmalpflegerische Belange ein, indem er 1807 den Abbruch der Klosterkirche von St. Blasien verhinderte und 1812 eine Verfügung erwirkte, „allen Ernstes dafür zu sorgen, daß kein Turm, kein Stadttor oder ein anderes ähnliches Gebäude ohne staatliche Genehmigung abgebrochen" werde.

In Preußen forderte Karl Friedrich Schinkel 1815 in einer großen Eingabe an die preußische Baudeputation die systematische Organisation einer staatlichen Denkmalpflege. Daraufhin wurden Veränderungen an öffentlichen Gebäuden und Baudenkmälern unter verstärkte Aufsicht des Staates gestellt.

Durch Bestimmung von 1817 bzw.1819 war in Preußen die Veräußerung von Kirchengut weitgehend unterbunden und die Erhaltung, der Kirchen gefordert.

Seit 1818 läßt sich in Hessen der Einsatz des Staates für die Erhaltung der Bau- und Kunstdenkmäler feststellen.

1824 begann in Württemberg mit dem Erscheinen des ersten Bades die großangelegte „Beschreibung des Königreiches Württemberg", in welcher eine Beschreibung der vaterländischen Altertümer enthalten ist.

Im Großherzogtum Baden wurden 1828 Bodenfunden geschützt und wilde Grabungen untersagt.

---

[27] Siehe in Hans Jakob Wörner, Schutz Pflege von Baudenkmälern in der Bundesrepublik Deutschland, W.Kohlhammer 1980, s.7-11
Petzet/Mader, Praktische Denkmalpflege, W.Kohlhammer 1993, s.20-23

Durch Kabinettsorder vom 20. 6. 1830 wurde in Preußen den Städten untersagt, Stadttürme, Tore und Mauern abzubrechen; 1835 bezog man sich Bauwerke, die für die Entwicklung der Technik wichtig sind, in die Erhaltungsbemühungen ein.

Unter den deutschen Ländern kommt unzweifelhaft dem Königreich Bayern das Verdienst zu, zuerst eine im ganzen Lande systematisch tätige, auf Gesetzen beruhende Denkmalpflege organisiert zu haben;1835 wurde dort die Generalinspektion der plastischen Denkmäler des Mittelalters eingerichtet und zu ihrem Leiter Sulpiz Boisseree berufen.

1836 machte im Königreich Württemberg die Listenerfassung von Kulturdenkmälern weitere Fortschritte, ebenso in Baden 1837 und 1839 (wobei im letzteren Zusammenhang auch der Bauzustand in die Betrachtung mit einbezogen wurde.)

Im Königreich Preußen begann eine systematisch im ganzen Land tätig Denkmalpflege – nach unermüdlichem Einsatz Schinkels – 1843 mit der Einsetzung eines „Konservators der Denkmäler für den Umfang der ganzen Monarchie".

Im Königreich Bayern wurde das Amt des Generalkonservators 1848 als Instanz des Kultusministeriums eingeführt.

Am 23.04.1853 umschrieb das Großherzogtum Baden die Pflichten des Konservators der Kunstdenkmäler: möglichst genaue Kenntnis von Dasein und Zustand der im Großherzogtum befindlich Kunstdenkmale zu sammeln und deren Erhaltung zu fördern. „Somit kann das 1853 als das eigentliche Geburtsjahr der staatlichen Denkmalpflege in Baden angesehen werden".

Eine Schverständigenkommission zum Schutz der Denkmäler, ein Vorläufer des heutigen Denkmalrates, wurde im Königreich Bayern 1861 eingerichtet.

Im Königreich Preußen nahm die Inventarisation mit dem 1870 erschienen „Inventarium" des Regierungsbezirks Kassel greifbare Formen an.

Staatliche Zuschüsse zur Instandsetzung und Erhaltung von Kunstdenkmälern sind im Großherzogtum Baden seit ca. 1870 bekannt.

Die immer umfassender werdenden Aufgaben der Denkmalpflege führen beispielsweise in Baden 1875 zu einer Unterteilung in die Pflicht der beweglichen Altertümer einerseits und in die Pflege öffentlicher Baudenkmäler andererseits.

In Königreich Preußen setzte sich die Inventarisation in den achtziger Jahren fort.
Der erste Band im Königreich Sachsen erschien 1882.

Im Königreich Württemberg erfolgte 1881 die Berufung einer Sachverständigenkommission in Frage der Denkmalpflege; der erste Inventarband in Württemberg erschien 1889.

Mit der Einführung 1891 von Provinzialkonservatoren im flächengroßen Königreich Preußen wurde eine regionale Gliederung und damit eine entscheidende Verbesserung für die Tätigkeit der Denkmalpflege erreicht.

Die noch heute vielerorts segensreiche Institution der ehrenamtlichen Mitarbeiter der Denkmalpflege existiert beispielsweise in Baden seit 1899.

Bereits um die Jahrhundertwende begann sich auch das Bewußtsein für den „Ensemblebegriff" im Sinn von Schutz und Pflege von Orts- und Straßenbildern zu schärfen. Mit gutem Beispiel voran ging auch hier das Königreich Bayern, das 1901 bzw. 1904 Verordnungen zur Erhaltung von Orts- und Straßenbildern erließ.

Während das preußische Verunstaltungsgesetz von 1902 auch den Schutz der Landschaft miteinschloß, ist das hessische Denkmalgesetz des gleichen Jahres als erstes umfassendes Denkmalschutzgesetz im heutigen Sinne anzusehen.

Die ersten beiden Jahrzehnte des 20. Jh. brachten überall einen wesentlichen Aufschwung der Denkmalpflege, was sich in der Verbesserung der Gesetzgebung (Preußen, Württemberg), in einen starken inhaltlichen Verbesserungen (in Bayern 1908 Trennung des Generalkonservators vom Nationalmuseum) ausdrückt.

Der Deutsche Denkmaltag wurde bei der Hauptversammlung der deutschen Geschichts- und Altertumsvereine in Straßburg am 27. und 28.September 1899 beschlossen und a, 24.und 25.September 1900 in Dresden zum erstenmal unter dem neuen Namen abgehalten.
Die wichtigsten Ergebnisse des Tages für Denkmalpflege waren die Herausgabe des ‚Handbuchs der deutschen Kunstdenkmäler', von seinem Initiator Georg Dehio 1899 in Straßburg vorgeschlagen, in Dresden dann 1900 beschlossen, ferner die nachdrücklichen Bemühungen um wirkungsvolle Denkmalschutzgesetze und verstärkte Finanzausstattung der Denkmalpflege.

Die allmähliche Umsetzung den um die Jahrhundertwende entwickelten Theorien in die Praxis einer am Geschichtswert des Denkmals und seiner Erhaltung orientierten modernen wissenschaftlichen Denkmalpflege bis zur ‚Charta von Athen' des ersten internationalen Denkmalpflegerkongresses von 1931 und ihrer Fortschreibung durch die ‚Charta von Venedig' des Kongresses von 1964 kann hier nicht im einzelnen verfolgt werden, ebensowenig die Entwicklung der gesetzlichen Rahmenbedingungen.

Der Wiederaufbau einzelner Denkmäler war noch längst nicht abgeschlossen, als mit dem Bauboom der Nachkriegszeit, mit ungehemmtem Verkehrsausbau, Citybildung usw. eine zweite Zerstörungswelle auf den durch Krieg geretteten Denkmälerbestand zurollte, eine scheinbar unaufhaltsame Entwicklung, der die Denkmalpfleger im allgemeinen ohne ausreichende Mittel und Personal, ohne rechtliche Absicherung durch moderne Denkmalschutzgesetze auf verlorenem Posten gegenüberstanden.
1975 Jahr war in Europa das Denkmalschutzjahr, und das wurde in ganz Europa ein großer Erfolg. In Deutschland ist dies in erster Linie den vielen lokalen Bürgerinitiativen zum Denkmalschutz - allein in Hessen zählte man 150 - und den Aktivitäten des Deutschen Nationalkomitees für Denkmalschutz verdanken.

(2) Postmoderne Architektur in Deutschland

1) Kurze Einleitung zur Postmoderne[28]

Die Postmoderne fängt ca. 1962-1963 in den Vereinigten Staaten an, in Europa setzt sie sich um 1975 durch.

---

[28] Siehe in Cejk, Jan, Tendenzen zeitgenössischer Architektur, W.Kohlhammer 1993

Der andere war 1975 Jahr das europäische Denkmalschutzjahr, das wäre interessanter Phänomen, daß in selbem Jahr die beide erschienen hatten.
Der Denkmalschutz und die postmoderne Architektur handeln sich gründlich um traditionelle Architektur, und davon kann man genau überzeugen, welche Ergebnisse für die Erhaltung der historischen Umgebung die beide in öffentlichen Interesse brachten.
Normalerweise kann man postmoderne Architektur mit drei Richtungen klassifizieren:
- Historisierende Postmoderne: das Spektrum reicht vom direkten Historismus bis zu sehr individuellen Interpretationen der Baugeschichte. Zu dieser Richtung gehören die Architekten: in USA Robert Venturi, Charles Moore, Tomas Gordon Smith, Robert Stern, Gruppe Friday Architects, Philip Johnson, Helmut Jahn, und in Europa Bruno Reichlin und Fabio Reinhart, Quinlain Terry, Ricado Bofill usw.
- Individuelle Postmoderne: wie schon der Name besagt, mehr durch die tonangebenden Persönlichkeiten und ihre individuellen Formsprachen als durch den Historismus geprägt. Zu dieser Richtung gehören Österreicher Hans Hollein, englische Architekt James Stirling, Japaner Arata Isozaki usw.
- Rationalismus: diese Richtung der Postmoderne zeichnet sich durch einfache geometrische Formen(vornehmlich Quadrate) und eine gewisse Strenge aus. Rein dekorative Elemente werden im Grunde abgelehnt. Dazu gehören Italiener Aldo Rossi, Deutscher O.M Ungers, J.P.Kleihues, Schweizer Mario Botta usw.

2) Situation der historisierenden Postmoderne in Deutschland

Wenn es sich Denkmalpflege und Denkmalschutz in der postmodernen Architektur handelt, geht es um historisierende Postmoderne.
Die historisierende Postmoderne ist vor allem noch in den Vereinigten Staaten zu finden, wohl durch das Fehlen der wirklich historischen Bausubstanz begünstigt. Aber auch dort verkommt sie zunehmend zu einer Art Disnyland – Architektur.
In Europa hält sich der Historismus am stärksten in England, wo er durch den konservativen Architekturfeldzug von Prinz Charles Unterstützung findet. Auf dem Konservativen überlebt die Postmoderne in einer verwässerten Form in der Provinz.
In den achtziger Jahren ist die Postmoderne in Deutschland fest etabliert, und die erste Phase der internationalen Bauausstellung (IBA) in Berlin steht ganz in ihrem Zeichen.
Die wohl interessantesten Anwendungen stellen die Bauten in historischen Stadtzentren dar.
Die historisierende Formsprache und die damit verbundene Verkleinerung des Maßstabs ermöglichen eine harmonische Einfügung in die bestehenden Strukturen.
Als Beispiel können uns die Häuser 12-14 im historischen Stadtkern von Frankfurt, dem Römer, von den Architekten Bangert, Jansen, Scholz und Schultess, 1984, dienen.
Bei solchen Aufgaben besteht allerdings die Gefahr, daß die historischen Vorbilder zu wörtlich übernommen und die Grenzen zum Plagiat überschritten werden. Die rekonstruierte Ostzeile am Römerberg sieht wie alt aus, ist aber neu und auch im Stadtgrundriß anders als die historische.
Bei den erwähnten Häusern sieht man jedoch deutlich, daß es sich um zeitgenössische Objekte handelt. Verglaste Teile der Satteldächer und die postmodernen Formen der Öffnung sind eindeutige Zeichen. Ähnlich wie in den Vereinigten Staaten ändert sich auch in Europa der Umgang mit alter Substanz. Im Gegensatz zu der klaren Trennung von alt und neu, wie sie die klassische Moderne predigte, versucht die Postmoderne eine organische Verbindung.
Ein gutes Beispiel dafür ist der Umbau des Guts Hohenhaus bei Herleshausen von Jourdan und Müller, 1980. Hier wurde an einer Stelle ein bestehender Ziegelbogen unterbrochen und im Neubau mit einem anderen Material fortgesetzt.

Alt und neu sind hier miteinander Objekt dieses Grenzlinie zu verfolgen ist ein aufregendes Spiel. In einem anderen Objekt dieses Guts wurde zwischen bestehende barocke Giebel ein Neubau mit postmodernen Elementen eingeschoben.

Heute kann man die Postmoderne als Bewegung fast als ein abgeschlossenes Kapitel betrachten.

(3) Ein Beispiel der Denkmalpflege im postmodernen Architekturzitat:

Dazu könnte man „neues Leibnizhaus" in Hannover - Holzmarkt vorstellen.
Daten zum Leibnizhaus Hannover – Holzmarkt:

13/14 Jahr. Errichtung einer Kemenate mit Fachwerkanbau.
1499 Der Patrizier Jürgen von Sode läßt ein aufwendiges Backsteingiebelhaus errichten.
1652 Der Patrizier Carol von Lüde (Oberkiergssekretär des Herzogs von Calenberg) baut das Haus durchgreifend um und gibt.
1698-1716 Herzogliche Hofbibliothek und Wohnung des Universalgelehrten Gottfried Wilhelm Leibniz.
1759 In dem Haus wurden der Schauspieler und Theater Dichter August Wilhelm Iffland geboren.
1839 Erste literarische Würdigung als Denkmal durch August Wilhelm Blumenhagen.
1844 König Ernst August von Hannover erwarb das Leibnizhaus für sein Dominium und bewahrte es vor Verunstaltungen.
1890 Umwandlung in ein Kunstgewerbemuseum.
1891-1893 Eingreifende Restaurierung durch Albrecht Haupt.
8/9 10.1993 Zerstörung durch Luftangriffe.
1944 Erste Überlegungen zum Wiederaufbau des Hauses.
1957-1959 Modellrekonstruktion des Leibnizhauses im Maßstab 1:40 durch Conrad Brüssow (Historisches Museum Hannover)
1959 Stadtbaurat Rudolf Hillebrecht stellt die Gedenken über die Möglichkeit eines Wiederaufbaus des Leibnizhauses zu Diskussion.
1960 Überlegungen zu Wiederaufbau.
1961-1965 Positives Gutachten durch Dr. Bernhartklem, Dresden. Rekonstruktionsvorarbeiten durch Dr. Rudolf Stein,. Bremen.
1964 Abbruch der letzten Reste (Keller) des Leibnizhauses an der Schmiedestraße.
1973 Erste bauplanerische Überlegungen und Erarbeitung von alternativen Lösungen.
1975-1976 Große öffentliche Grundsatzdiskussion zum Wiederaufbau am Holzmarkt.
18.05.1981 Grundsteinlegung zu einer Gebäudegruppe am Holzmarkt mit der Rekonstruktion der Fassade des früheren Leibnizhauses unter Einbeziehung des restaurierten Noltehauses. Architekten: Willfried Ziegemeier und Hubertus Pfitzner Fassade: Steinbildhauer Georg Arfmann mit den Steinmetzen der Obernkirchener Sandsteinbrüche
Nutzung neues Leibnizhauses:
Gästehaus mit Empfangs-, Ausstellungs-, Vortrags-, Klub-, und Semiarräumen 27 Wohnungen für in- und ausländische Stipendiaten, Doktoranden und Gastprofessoren.
Leibnizausstellung, Verwaltung der Leibnizakademie, 3 Länden, Gaststätte.

Georg Mörsch kritisierte in seinem Buch das neue Leibnizhaus:[29]

---

[29] Siehe in Georg Mörsch, Aufgeklärter Widerstand, Birkenhäuer Verlag, s.111-114

........Der Neuplanungsbeschluß des kriegszerstörten Hannover 1949 war ein nachvollziehbares Konzept, eine Denkbare Alternative nach der selbstverschuldeten Katastrophe. Wie anderenorts, z. B. in Münster i. W., der Wille zum „Wieder" - Aufbau zu andern, ebenfalls berechtigten Alternativen führte. Gegenüber diesem Neuplanungskonzept von 1949 mutet es nicht wie ein generelles, ebenfalls vorstellbares Umschwenken, sondern merkwürdig zufällig und widersprüchlich an, wenn vor 1958 an der Wiederaufbau des Leibnizhauses wieder ins Gespräch gebracht wird. Ja, es ist fast bestürzend zu sehen, wie aus der Begegnung Hillebrechts mit dem Wiederaufbau Warschau nur das Fazit gezogen wird, das Leibnizhaus mit anderen ebensolchen „Wiederaufbauten" an neuem Standorts teilweiser zeugnishafter Authentizität eine Rolle spielte, zeigt das Festhalten am Parkhausbau auf dem Originalgrundstück und das konsequente Abräumen der Keller des Leibnizhauses im Jahre 1964. Wie sehr ein solcher „Wiederaufbau" auch im Detail die Qualitäten vermissen läßt, die ihn zum Ersatz des Verlorenen machen könnten, wurde oben angedeutet. Für das Leibnizhaus bedeutet dies die Beschränkung auf die Rekonstruktion mit einer wesentlich größeren Neubaumasse, als sie das alte Leibnizhaus dargestellt hatte (und damit z. B. auch das Fehlen einer eignen Treppenerschließung hinter der Fassade), aber auch einen so schwerwiegenden restauratorischen Fehlgriff, wie die Terrakottareliefs des spätgotischen Erstbaus, die der Bau von 1652 im Original verwendet hatte, im Sandsteinmaterial der barocken Fassadenreliefs neu auszuführen........ Es ist die zur momentanen Architekturmode gewordene Beliebigkeit des Zitierens von geschichtlichen Versatzstücken, losgerissen aus Ort, Zeit, Zweck und innerem Sinn, wie sie auch für weite Architekturbereiche unserer Tage, den sogenannten „Postmodernismus" typisch ist. Das Geschick der Tagesmoden zu verbinden, Denkmalpflege über ihre unvermeidbare Zeitgenossenschaft hinaus an die Extreme der Tagesmoden aus zu liefern, macht die Monumente und ihre Schützer zu Geiseln dieser Tagesmoden. Aus der Geschichte der Denkmalpflege und auch heute wieder läßt sich dies in seiner Gefährlichkeit leicht belegen........ Hoffentlich ist dann die neue Barockfassaden vor dem Neubau am Holzmarkt auch das Denkmal einer Verirrung.

(4) Fazit

Als die postmoderne Architektur sich in Deutschland um 1975 durchsetzte, fing erste Denkmalschutzjahr in Deutschland und in Europa im selben Jahr.
Es handelt sich zwischen postmoderne Architektur und Denkmalpflege um traditionelle Architektur, vor allem es geht um die Richtung der historisierenden Postmoderne.
Diese Richtung hatte heute leider unerkennbare historische Formen hinter gelassen, die historisierende Postmoderne war nur die Nostalgie der Vergangenheit den Menschen geprägt.
Postmoderne Architektur war es, nicht hinter die Moderne zurückzugehen, sondern ihren trost- und qualitätslosen Auswüchsen eine Alternative gegenüberzustellen, aber dazu hatte postmoderne Architektur durch viele gedankenlose historisierenden Architekturformen einen schwierigen Fehler gemacht.
Denkmalpflege bedeutet mit Denkmäler zu schützen, zu erhalten und zu pflegen, und dazu bringt Uni. -Prof. Dr. -Ing. Uta Hasslers Artikel ins klare:[30]
- Alle Teil, die reparaturfähig waren, wurden erhalten.
- Die Reparaturen wurden nur mit traditionellen Materialien und Techniken durchgeführt. Sie müssen in der Zukunft wiederholbar sein.
- Es wurde versucht. Das richtige Maß für Eingriffe zu finden, die klären sollten, ob mit verdeckten Schäden zu rechnen sei.

---

[30] Uni.-Prof.Dr-ing- Uta Hassler, Kavalierhäuser der Eremitage Waghäusel, Baumeister 2/1995, s.15

- Der historische Bestand wurde unter neuen Verschleißschichten gesichert, ab und an wurden die gealterten Oberflächen auch sichtbar erhalten.
- Mit den Zufügungen wurde versucht, eine Antwort auf den Bestand zu finden. Die neuen Teil entsprechen heutigen Bauformen.

Uni -Prof. Dip.-Ing. Architekt Karljosef Schattner bringt auch Denkmalpflege in historisierender Postmoderne noch ins klare:[31]
Er hat mir beantwortet, daß er davon überzeugt, daß die Postmoderne ein Irrtum war.
Und er hat betont, daß Altes und Neues man trennen sollte, also nicht mit Hilfe der Imitation zu versuchen die Probleme zu lösen, daß die Imitation das Original abwertet, sich selbst jedoch auf.

Postmoderne Architektur war es in Deutschland, nicht Auswüchsen der Moderne eine Alternative gegenüberzustellen, sondern mit Denkmalpflege gegenüberzustellen.

Dagegen ist Südkorea ganz anders:
Die schmerzlichen Erfahrungen, d.h. 36 Jahre lang Kolonie von japanischer Besatzung, 3 Jahre Koreakrieg, fast 40 Jahre lang Diktatur hatte in diesem Zeitraum die Chance, die Koreaner eigene Denkmaltheorie haben, entzog.
Deswegen ist es völlig klar, in Südkorea es überall die Moderne Gebäude gibt, die mit historisierenden Formen geschafft wurden, die mit historischen Gebäude nicht im Einklang stehen.

---

[31] Ich habe ihn einige Frage, die über seine Architektur sind, gestellt, er hatte im 20.06.1999 beantwortet.

VI. Einige gute Beispiele in Deutschland.

1. Ensemble Schutz: Stadt Celle:

- [32]Celler Geschichte: Eben noch am Rande der Lüneburger Heide nach Süden zu liegt Celle, eine Stadt mit heute 74000 Einwohnern, die mit ihren über 560 schönen Fachwerkbauten zum Glück vom Krieg verschont blieb. Der Mittelpunkt ist das stattliche, noch aus dem Mittelalter stammende Schloss, das mehrfach umgebaut wurde.

  Die heutige Ansicht ist Barock vom Ende des 17. Jahrhunderts. Zu ihm gehört die künstlerisch bedeutende Kapelle, deren Ursprung noch gotisch ist. Das zum Schloss gehörende Theater ist das älteste in Deutschland und entstand vor 300 Jahren. Seit 50 Jahren wird hier wieder gespielt.

  Zu Celles Glanzlichtern gehören die malerischen, gut restaurierten Fachwerkbauten der Altstadt, das Rathaus von 1561 und die Stadtkirche, deren Bau bald nach 1300 begann und das als ältestes Kunstwerk ein spätgotisches Triumphkreuz hat. Jedes Jahr im Herbst führt das hier ansässige Landgestüt seine Hengstparaden durch, ein Lieblingsziel vieler Pferdefreunde aus aller Welt.

- Kurze Daten: über 560 Fachwerkhäuser
  74.000 Einwohner
  1. Erwähnung 992 n. Chr. (Altenzelle)
  Neugründung 1292 n. Chr. (Zelle)

- [33]Übersicht: Die Geschlossenheit und Ordnung des historischen Stadtbildes ist bis heute erhalten geblieben und wird auf eine lebendige, nicht museale Weise gepflegt: Fachwerkhäuser und Steildächer vorherrschend als ortstypisches Strukturelement; giebelständige Häuser; gleiche Dachdeckung und ähnliche Neigung; norddeutsches Pfannendach; Ordnung ohne Schematismus;"Dachlandschaft". Die historische Altstadt mit Schloß, Schloßtheater, Museum, Stadtkirche und dem schönen Straßenbild ist durch die Fußgängerzone wieder als wirdschaftlicher und kultureller Mittelpunkt der Stadt zurückgewonnen worden. Man kann ohne Verkehrslärm und Abgase wieder im Zentrum wohnen. Lange Ketten von Einzelhandelsgeschäften und freiberuflich orientierten Unternehmen sorgen für ein breitgefächertes Angebot an Waren, Gaststättenbetrieben und Dienstleistungen. Der Vorzug dieser Lösung liegt in der Chance zu vielfältigen menschlichen Kontakten und zu anregenden stadträumlichen Kontakten und zu anregenden stadträumlichen und kulturellen Erlebnissen. Wichtig ist jedoch eine annehmbare Lösung des Parkplatzproblems. Die Entfernung zum Auto sollte nicht mehr als 200.300 Meter sein.

2. Neues Gebäude in historischer Umgebung: Stadt Eichstätt:

- [34]Ulmer Hof (Neu- und Umbau zum Fachbereich Katholische Theologie), 1978.1980 von Dipl. Architekt Karljosef Schattner: Die Entwurfs- und Bautätigkeit am Ulmer Hof schloß alle Strategien gegenüber alter Bausubstanz ein: Restaurierung, Umbau, Entkernung, Rekonstruktion, Neubau. Unumgängliche Konfrontationen zwischen Alt und Neu wurden

---

[32] Siehe in http://www.celle-land.de
[33] Gerhart Müller/Menckens, Neues Leben für alte Bauten, Alexander Koch GmbH 1977, s.44
[34] Wolfgang Pehnt, Karljosef schattner, Hatje 1999, s.80

mit einer auch im Werk Schattners neuen Freiheit behandelt, einschließlich ironischer Stilmittel. Bestimmend wurden drei Maßnahmen: der Neubau eines Bibliotheksflügels an der Südseite des Hofs, die Überdachung und Umformung des Außenhofs zu einer inneren Halle und die Freilegung der Arkaden an der ehemaligen Außenwand des Nordflügels. Die Dialektik von Innen und Außen, die Schattner durchweg beschäftigt, konnte hier voll durchgespielt werden. Die drei Wände des historischen Baus, von denen der Lesesaal umgeben ist, sind Außenwände der Gebäudeflügel und zugleich Innenwände des zentralen Raumvolumen. Der Gedanke, auf ihnen Jakob Engels Fassadensystem- die Fensterreihen mit wechselnden Segment- und Dreiecksverdachungen – aufzutragen, wurde zugunsten einer gemalten und gezeichneten Dokumentation der am Gebäude ermittelten Befunde aufgegeben: Formenanalyse, Farbschichten, Maßangaben, sogar eine Meßlatte unter der (gemalten) Sohlbank eines Fensters. Eine restaurierte Uhr ist auf fünf vor zwölf stehengeblieben. Der Witz dieser verfremdenden Zitate richtet sich sowohl an die Adresse einer akribischen Denkmalpflege wie an die Postmoderne mit ihrer Vorliebe für literarische Fiktionen; und zugleich wurden tatsächliche Forschungsergebnisse festhalten. Das Raumbild des Saals hängt ebenso von den neuen Einfügungen wie von der überlieferten Substanz ab. Die fünf Decks des Lesesaals und die in die Raumecken gestellten Wendeltreppen präsentieren sich als moderne Industriebauten.

3. Historisches Museum „Am Hohen Ufer" in Hannover(1960.1966),
   von Architekt Dieter Oesterlen:

[35] Die Bauplatz lag an einem stadtgeschichtlich und städtebaulich bedeutsamen Platz der früheren Altstadt und heutigen Innenstadt. Der alte Beguinentrum und die Ruine des Zeughauses sollte nach Möglichkeit in das Museum einbezogen werden........Im Wettbewerb wurde ein der heutigen Zeit mit ihren Raumbedürfnissen und Formvorstellungen entsprechender Museumsbau erwartet, der sich jedoch maßstäblich in die gegebene städtebauliche und bauliche Situation einfügen mußte. Der Architekt selbst dazu: „Städtebauliche und denkmalpflerische Gesichtspunkte waren es, die mich beim Entwerfen des Museums dazu führen, die Ruinen vollständig in den Museumsbau einzubeziehen. Von außen ist die Verbindung von Alt und Neu an dem obersten Deckenband aus Sichtbeton ablesbar, das als schützendes Dach vom Neubauteil kommend in gleicher Stärke über das Zeughaus hinweggleichtet und dessen Grundrißkontur aufnimmt, ohne das alte Gemäuer zu berühren. Die Betondecke scheint über dem Zeughaus zu schweben (nachts angestrahlt) und überdeckt die hier geschaffene Aussichtsterrasse der Cafeteria. An den drei übrigen Seiten folgt der Bau den Straßenfluchten, jedoch nicht sklavisch, sondern in einer durch Schrägung und Staffelung bewegt geführten Umrißlinie, die ähnlich der mittelalterlichen Straßenführung sich ständig ändernde lebendige Straßenräume schaffen soll. Die konische Verbreiterung der Straße zur Leine hin rückt den Beguinenturm deutlich in den Straßenraum. Die Fachwerkhäuser (Mittelalter) sind zum Teil wiederaufgebaut. Die maßstäbliche Eingliederung des Neubaues wird unterstützt durch eine plastische Durchforschung der Fassade. Der Baukörper ist erdgeschossig verschieden stark eingezogen und auf Stützen gestellt. Die Fenster der oberen Geschosse sind tief eingeschnitten;schmale Fensterbänder wechseln mit geschoßhoch sich öffnenden Glasflächen und geschlossenen Mauerflächen. Die stadtgeschichtlich wichtigen Punkte der Nachbarschaft,-Leineschloß und Fachwerkhäuser, - werden durch große Fensterflächen optisch in das Museum einbezogen."
Alt und Neu durchdringen sich in einer Synthese, die beglückt.

---

[35] Gerhart Müller/Menckens, Neues Leben für alte Bauten, Alexander Koch GmbH 1977, s.90,92

4. Rathaus, Bergisch Gladbach-Bensberg(1962-1971) von Architekt Gottfried Böhm:

[36].......nach wie vor für das gelungenste Beispiel einer Kombination von Alt und Neu in Deutschland. Der expressionistisch anmutende Treppentrum ergänzt wunderbar die alten Türme und der plastisch reich gegliederte, moderne Bürotrakt vollendet die Raumbildung. In der Turmspitze kann man auch eine Vorwegnahme des Dekonstruktivismus sehen, und auch die bündigen Fensterbänder sind wieder aktuell geworden.

[37]Der Architekt Gottfried Böhm hat in kühnem Zugriff das Rathaus in die alte Burganlage hineingebaut. Dabei hat er das verhältnismäßig große Bauvolumen stark gegliedert und die einzelnen Bauteile in Anfassung an die Umgebung feinfühlig, wie ein Bildhauer modelliert.

[38]Die erhaltene Mauer des Palas nutzte Böhm für den Ratssaal, in dem auch Konzerte stattfinden. Das alte Gemäuer im Rücken der Zuschauer gewährt Schutz. Schwere und Leichtigkeit, Festigkeit und Offenheit wollte der Architekt seine Mitbürger angesiedelt wissen. Während der Bauarbeiten wurden am Palas die schönen Rundbogenfenster des frühen 13. Jahrhunderts freigelegt. Aber man beließ auch gewaltig dimensionierte Glied in der Jahrhunderte erscheinen.

5. Ausbau Godesburg, Restaurant und Hotel, Bonn-Bad Godesberg(1956-1961), von Architekt Gottfried Böhm:

[39]Die Godesburg, errichtet am Ort einer römischen und germanischen Kultstätte, war im Mittelalter ein bevorzugter Sitz der Kölner Erzbischöfe. Seit dem späten 16. Jahrhundert lag sie in Ruinen. Der runde Bergfried in der Mitte wirkt aber noch heute kraftvoll in das sich weitende Rheintal hinein. Böhm errichtete auf den Basalt- und Tuffsteinmauern der Burg einen nach Osten und Süden geöffneten Café- und Restaurantbereich, dessen großzügig verglaste Flächen zwischen leichten Stahlprofilen einen weiten Blick ins Land erlauben. Über eine Brücke schließt ein kleiner Hoteltrakt teils in Bruchstein gemauert, teils in gestocktem Sichtbeton an den ehemaligen Palas an, mit vortretenden Erkern zum Innenhof hin. Dieser Teil, etwas später als der Restaurantflügel projektiert, spiegelt bereits die plastische Fassadenausbildung der sechziger Jahre. Neue und alte Substanz sind ablesbar voneinander getrennt.

---

[36] Cejk, Jan, Tendenzen zeitgenössischer Architektur, W.Kohlhammer Verlag, 1993, s.91
[37] Gerhart Müller/Menckens, Neues Leben für alte Bauten, Alexander Koch GmbH 1977, s.212
[38] Wolfgang Pehnt, Gottfried Böhm, Birkhäuser Verlag 1999, s.69
[39] Ebd., s.62

VII. Schlußwort

Sicher ist die Denkmalpflege in der Architektur Geschichte von Südkorea und Deutschland in letzten 20.Jahrhundert ganz anders, aber man kann in der letzten Vergangenheit zwischen beiden Ländern einen ähnlichen Teil finden: die Sunde Null nach dem Zweiten Weltkrieg. In dieser Zeit wurde das Schicksal der alten Gebäude schon entschieden.

In Deutschland zog man nach dem Zweiten Weltkrieg die weitere Erhaltung alten Gebäude in Betracht, und seit 1975, nach dem Europäischen Denkmalschutzjahr wurde noch mehr entwickelt, ungefähr in dieser Zeit, in der das europäische Denkmalschutzjahr kam, wurde Postmoderne Architektur in Deutschland angenommen, aber Postmoderne, vor allem historisierende Postmoderne wurde von vielen Architekten und Denkmalpflegern stark kritisiert, darüber hinaus sind sie davon überzeugt, daß Postmoderne ein Irrtum war.

Architekt Karljosef Schattner hat mir beantwortet, und das gilt für alle viel: ‚Beim Entwurf in einer historischen Umgebung muß man in Betracht ziehen, daß man Altes und Neues trennen sollte, also nicht mit Hilfe der Imitation zu versuchen die Probleme zu lösen. Die Imitation wertet das Original ab, sich selbst jedoch auf.'

Denkmalpflege heißt keine Imitation von Altes und zwar keine Nostalgie, sondern Denkmälern zu erhalten, schützen und pflegen.

Es ist sehr wichtig, daß man es richtig erkennt, historisierende Postmoderne in Deutschland nicht lange entwickelt zu wurde, weil dazu es Theorie der Denkmalpflege gibt.

In Südkorea wird historisierende Postmoderne noch heute beurteilt, d.h. man erkennt noch nicht, ob diese Richtung ein Irrtum ist oder nicht.

In diesem Unterschied zwischen Ländern handelt es sich um Theorie der Denkmalpflege.

Es ist sicher, daß man in Südkorea nicht verzichten konnte, Denkmäler, d.h. Original von Alters zu verlieren, weil es dagegen keine Theorie der Denkmalpflege gibt.

Deswegen ist die Situation in Korea, in der es um Erhaltung, Schutz und Pflege von Denkmälern gibt, so schlimm:

Viele historische Originalgebäude liegen in der Gefahr des Verlustes, und heute gibt es überall postmoderne Architektur, damit fühlt es nur eine Nostalgie.

Nun will ich dagegen sehe wichtige einige Vorschläge für meines Heimatland(Südkorea) machen:

1. Zuerst sollte man eine richtige Philosophie für Denkmalpflege in der öffentlichen Interesse festlegen:
   Das ist die Voraussetzung und Basis vor der Theorie der Denkmalpflege.
2. Denkmalpflege und historisierende postmoderne Architektur sind gar kein synonym:
   Die beide muß man völlig trennen, Postmoderne bedeutet nicht, Denkmäler zu erhalten, schützen und pflegen.
3. Man muß für Denkmäler inventarisieren:
   Der Bereich der Inventarisation muß sowohl traditionelle Gebäude als auch die Gebäude, die von Japanern während der Kolonie gebaut wurden und auch moderne Gebäude.
4. Denkmalpflege gilt viel als Lehrfach:
   Architekturstudenten müßten Denkmalpflege als Lehrfach an ihren Hochschulen studieren.
5. Historische Gebäude sollten heute noch benutzt werden:
   [40] Historische Altstädte sollte nicht zu Museen werden, sondern sollen jene Kernstadtfunktionen erfüllen, die ihrer historischen Form nicht widersprechen oder diese zumindest nicht zerstören.

---

[40] Friedlich Mielke, Die Zukunft der Vergangenheit, Deutsche Verlag 1977, s.177

Südkorea kann sich in Deutschland davon überzeugen und müßte lernen:
Nachdem zweiten Weltkrieg konnte Südkorea den Verlust, die Fälschung und die Imitation der historischen Denkmäler nicht hemmen, darüber hinaus sind Südkoreaner bis heute leider keine richtige Theorie der Denkmalpflege bewußt, deshalb geraten alle Denkmäler in eine schlimme Lage immer noch beim Denkmalpraxis: historisierende postmoderne Architektur ist ein selbstverständliches Ergebnis solcher Situation.
Aber in Deutschland wurde Denkmalpraxis immer noch mit eigener Theorie der Denkmalpflege entwickelt, dadurch war postmoderne Architektur in Deutschland ein Irrtum, und die Zahl der historisierenden postmodernen Architektur ist wirklich weniger als Südkorea. Ohne richtige Denkmaltheorie könnte richtige Denkmalpraxis nicht kommen!

Deutschland könnte auch sich in Südkorea davon überzeugen und müßte lernen:
Wenn es auch in Deutschland keine richtige eigene Denkmaltheorie gäbe, wäre es wie in Südkorea ganz klar, alle Denkmäler in eine schlimme Lage zu geraten, historisierende postmoderne heute überall zu sein.
Es ist für Deutschland wichtig, daß ohne Unterbrechung Denkmaltheorie für Denkmalpflege nach und nach entwickelt werden sollte.

Zum Schluß gilt Architekt Karl Friedrich Schinkels Rede heute noch für uns:
........So geschah es, daß unser Vaterland von seinem schönsten Schmuck so unendlich viel verlor, was wir bedauern müssen, und wenn nicht jetzt ganz allgemeine und durchgreifende Maßregeln angewandt werden, diesen Gang der Dinge zu hemmen, so werden wir in kurzer Zeit unheimlich, nackt und kahl, wie eine neue Kolonie in einem früher nicht bewohnten Lande dastehen.

VIII. Literaturverzeichnis

- deutsch:

Denkmalfibel: Hinweise zu Denkmalschutz und Denkmalpflege in Bayern, Scherg/Jutta, Verlag Georg D.W.Callwey, München

Einführung in die Denkmalpflege, Gottfried Kiesow, 1995 Darmstadt:Wiss. Buchges

Die Zukunft der Vergangenheit: Grundsätze, Probleme und Möglichkeiten der Denkmalpflege, Karl Wilhelm Schmitt, 1975 Deutsche Verlags – Anstalt GmbH, Stuttgart

Schutz und Pflege von Baudenkmälern in der Bundesrepublik Deutschland, Dr.August Gebeßler, Präsident des Landesdenkmalamtes Baden-Würtemberg, Stuttgart, und Dr.Wolfgang Eberl, Ministerialrat im Bayerischen Staatsministerium für Unterricht und Kultus, München, Verlg W.Kohlhammer

Tendenzen zeitgenössischen Architektur, Cejk, Jan Verlag W.Kolhammer, 1993

Dortmunder Architekturtage 1983, Tradition und Moderne: Antwort zur Architektur aus Theorie und Praxis, Dortmunder Werkheft Nr:6

Vorlesungsskript, Theorie und Geschichte der Denkmalpflege: Über die Erhaltung der Baudenkmäler im Wandel der Geschichte, RWTH Aachen, Prof.Dr.-ing. Hartwig Schmidt.

Lexikon der Welt Architektur, Pevsner/Honour/Fleming, 1999 Prestel

Gottfried Böhm, Svetlzar Raév, Karl Krämer Verlag Stuttgart 1988

Gottfried Böhm, Wolfgang Pehnt, 1999 Birkhäuser Verlag

Trierer Beiträge: aus Forschung und Lehre an der Universität Trier, So viel Anfang war nie? 50 Jahre Nachkriegszeit, Kurt Düwell/Herbert Uerlings, Juni 1996

Was ist Postmoderne?, Charles Jencks, Verlag für Architektur Artemis Zürich und München 1990 für die deutsche Ausgabe

Karljosef Schattner: ein Architekt aus Eichstätt, Wolfgang Pehnt, 1999 Hatje

Aufgeklärter Wiederstand: Das Denkmal als Frage und Aufgabe, Georg Mörsch, Birkenhäuser Verlag Basel.Boston.Berlin

Geschichte der Architektur des 20.Jahrhunderts, Jürgen Tietz, 1998 Könemann Verlagsgesellschaft mbH

Geschichte der Architektur von der Antike bis Heute, Jan Gympel, 1996 Könemann Verlagsgesellschaft mbH

Denkmalpflege: Deutsche Texte aus drei Jahrhunderte, Verlag C.H.Beck Norbert Huse

Baumeister 2/1995, s.15

Neues Leben für alte Bauten: Über den Continuo in der Architektur, Gerhart Müller/Menckens, 1997 Verlagsanstalt Alexander Koch GmbH, Stuttgart

Praktische Denkmalpflege, Petzet/Mader, 1993 W.Kohlhammer

- koreanisch:

A study on the representation of traditionality in korean contemporary architecture:focused on the anaysis of buildings(1960-1986) with classical.design.elements., Kim Chong-heon, Uni.Korea 1986

Es gibt keine Architektur?, 1995 Ganhyang Media

50 Jahre koreanische moderne Architektur, an Chang-Mo, Jea won Verlag1996

Min Chok Kon Chuk ron, Kim Hong-sik, 1987 Verlag Han gil sa

Uri Kon Chuk Ull Chat Ah Seo, 1986 Verlag Bal Oun.

IX.   Beiheftung – Fotos
[ABBILDUNGEN WURDEN AUS URHEBERRECHTLICHEN GRÜNDEN ENTFERNT]

BEI GRIN MACHT SICH IHR WISSEN BEZAHLT

- Wir veröffentlichen Ihre Hausarbeit, Bachelor- und Masterarbeit

- Ihr eigenes eBook und Buch - weltweit in allen wichtigen Shops

- Verdienen Sie an jedem Verkauf

Jetzt bei www.GRIN.com hochladen und kostenlos publizieren